Architektur und Sprache

archpaper-edition krämer

Günther Fischer

Architektur und Sprache

Grundlagen des architektonischen
Ausdruckssystems

Mit einem Vorwort von Jürgen Joedicke

Karl Krämer Verlag Stuttgart + Zürich

CIP-Titelaufnahme der Deutschen Bibliothek
Fischer, Günther:
Architektur und Sprache: Grundlagen des architektonischen
Ausdruckssystems / Günther Fischer. Mit einem Vorw. von
Jürgen Joedicke. – Stuttgart; Zürich: Krämer, 1991
ISBN 3-7828-0470-8

© Karl Krämer Verlag Stuttgart + Zürich 1991
Alle Rechte vorbehalten / all rights reserved
Lektorat: Gudrun Zimmerle
Umschlaggestaltung: Erwin K. Mauz
Satz: Steffen Hahn, Kornwestheim
Druck: Stuttgarter Druckerei GmbH, Stuttgart
Printed in Germany
ISBN 3-7828-0470-8

INHALT

I. EINFÜHRUNG

Warum Architektur und Sprache? 9
Warum Architektur und gesprochene Sprache?.. 11
Der Umweg über die Wahrnehmungspsychologie 11
Die Sackgasse der Zeichentheorie 14
Sprache als Struktur 16
Abgrenzung zur Ästhetik 18

II. SPRACHE I

Generative Systeme 19
Das sprachliche Gewebe 24
Sprache und Sprecher 36
Sprache und Kontext 38
Zusammenfassung 40

III. SPRACHE II

Sprache – Sprachen 42
Langue – Parole 43
Synchronie – Diachronie 47
Syntax, Semantik, Pragmatik 50

IV. SYNTAX, oder: DIE BAUPLÄNE

Die Elemente 52
Die Relationen 56
Die räumliche Syntax 57
Die funktionale Syntax 68
Die konstruktive Syntax 72
Die formale Syntax 77
Die Synchronisation der Syntaxen 84
Coda 86

V. SEMANTIK, oder: WIE KOMMT DIE BEDEUTUNG IN DIE ARCHITEKTUR?

Die vier Formen der Bedeutung 89
Die semantischen Strategien 91
Komponentielle Semantik 92
Der referentielle Code 92
Werte-Code 103
Ausdrucks-Code 108
Relevanz 112
Relationale Semantik 114
Die semantischen Relationen 115
Das Herstellen von Oppositionen 117
Die Visualisierung inhaltlicher Referenz-, Rang- und Ausdrucksunterschiede 118
Die Herstellung von Oppositionsstrukturen ... 123
Die Herstellung von Inhaltsstrukturen 125
Die Synchronisation von Inhaltsstruktur und Ausdrucksstruktur 125
Coda 128

VI. PRAGMATIK, oder: THEORIE UND PRAXIS

Pragmatische Universalien 130
Die pragmatischen Universalien in der Architektur 131
Handeln 137
Coda 149

VORWORT

Von Louis Sullivan stammt der Ausspruch, daß hinter jeder Fassade das Gesicht dessen erkennbar wird, der diese Fassade entworfen hat. Das ist eine in ihrer Bildhaftigkeit überraschende, in ihrem Inhalt eher selbstverständliche Formulierung. Sie besagt, daß jeder Entwurf auch ein Stück Biographie seines Architekten widerspiegelt.

Diese Feststellung gilt sicher nicht nur für das Entwerfen von Architektur, sondern auch für die Art des Nachdenkens über Architektur. Das persönliche Erleben des einzelnen, sein Werdegang und die Zeit, in der er lebt, sind immer mit den Aussagen über Architektur verknüpft.

Dies wird auch in der nun vorliegenden Publikation von Günther Fischer deutlich. Ein junger Architekt engagiert sich in einer Zeit, die nur noch das Machbare als Ziel zu kennen scheint, ohne über die Grenzen des Machbaren nachzudenken, und die fasziniert durch Zahl und Größe auf technologisch bestimmte Handlungsabläufe fixiert zu sein scheint: engagiert sich also für eine humane Architektur, für alternative Wohnkonzepte und Partizipation der Nutzer und muß erleben, wie dieser so ernsthafte Versuch einer Erneuerung der Architektur von einer Architekturauffassung förmlich hinweggefegt wird, die nur noch den schönen Schein zu kennen scheint, die Postmoderne. Und aus dem zunächst verständnislosen Erstaunen wächst allmählich die Einsicht, daß Bilder offensichtlich stärker sind. Er beginnt deshalb, der Frage nachzugehen, was es mit der Bildhaftigkeit in der Architektur auf sich hat, und versucht zu klären, ob es nicht jenseits persönlicher Vorlieben gewisse Regelhaftigkeiten gibt, auf welche der Architekt zurückgreifen könnte.

Dahinter steht die Einsicht, die aber in jener Zeit, den sechziger und siebziger Jahren, von Architekten verdrängt wurde, daß jeder Bau immer in einer bestimmten Weise auf den Menschen einwirkt, Emotionen hervorruft, ob dies nun vom Architekten gewollt wurde oder nicht. Ein Architekt, der sich nur auf die Zu- und Anordnung der Bauteile, auf Form, Material und Konstruktion zu beschränken glaubt, übersieht, daß die von ihm gewählte Auswahl der Elemente und ihre Anordnung stets etwas aussagt: Form transponiert immer Inhalte, immer Bedeutung, ist über die Tektonik hinaus stets Aussage.

Seit der Entstehung und Ausbreitung der Semiotik als Wissenschaft, insbesondere ihrer Ausprägung durch Max Bense und die Stuttgarter Schule in Deutschland, hat es nicht an Versuchen gefehlt, eine Erklärung der Bedeutung von Architektur auf der Grundlage der Zeichen- und Kommunikationstheorie zu geben, und es hat dabei an hochinteressanten Ansätzen und Hinweisen nicht gefehlt. Ich verweise auf die Erklärung eines Zeichens als triadische Relation, deren drei Aspekte man sehr vereinfacht und in der Sprache des Architekten übertragen als Form und Anordnung, Bedeutung sowie Wirkung bezeichnen kann; – auf die doppelte Funktion eines Zeichens, das einmal auf den Gegenstand hinweisen kann (Denotation), mit dem sich zum anderen aber zusätzliche, zum Beispiel emotionale Vorstellungen verbinden können (Konnotation) oder auf den Einfluß des Kontextes, der Umgebung also, in der ein Zeichen steht. Das kann dazu führen, daß ein und dasselbe Zeichen eine völlig andere Bedeutung bekommen kann, je nachdem, in welchem Kontext es steht. Das klassische Beispiel hierfür ist bei Umberto Eco die rote Fahne, einmal an der Spitze einer Menschenmenge in einer Stadt, zum anderen an einem Mast an einem Strand.

Jedoch verblieben diese Ansätze im eher abstrakten Bereich, es fehlte die Umsetzung in eine dem Architekten zugängliche Sprache. Und ebenso fehlte eine kritische Überprüfung dieser Ansätze im Hinblick auf die konkrete Anwendung beim Entwerfen.

Diesen Bezug zur Architektur und zur Praxis des Architekten zeichnet die vorliegende Publikation von Günther Fischer aus. Ein Architekt hat sich der Mühe unterzogen, diese Theorien kritisch zu untersuchen und danach zu fragen, was hierfür für die Arbeit des Architekten sinnvoll sein könnte. Er greift dabei weit aus, beschäftigt sich mit der Zeichentheorie, der Linguistik und der Wahrnehmungspsychologie und entwickelt die These von der Strukturähnlichkeit von Sprache und Architektur, die er an konkreten Beispielen erläutert.

Ein solcher Versuch bedeutet auch Vereinfachung, und jede Vereinfachung enthält die Gefahr der Mißdeutung oder Simplifizierung oft komplexer Zusammenhänge. Aber ohne Vereinfachung ist das Ganze nicht darstellbar, und darum ging es wohl dem Verfasser, einen Rahmen zu setzen, in dem einzelne Felder noch ausgefüllt oder neu besetzt werden können.

So ist eine ganz wichtige Arbeit entstanden, der zu wünschen ist, daß sie nicht nur kritisch gelesen, sondern auch von Architekten am eigenen Tun überprüft wird.

Jürgen Joedicke

I. EINFÜHRUNG

Warum Architektur und Sprache?

Die Architektur ist in den letzten 30 Jahren mehr als einen Tod gestorben. Dem Tod des Funktionalismus, den Charles Jencks in seinem Buch »Die Sprache der Postmodernen Architektur«[1] an der spektakulären Sprengung einiger Wohnbauten in St. Louis, Missouri, festmachte und den er fälschlicherweise mit dem Tod der Modernen Architektur gleichsetzte, folgten andere, weniger spektakuläre. Auf der Strecke blieben zum Beispiel die vielfältigen Ansätze gesellschaftskritischer Architektur, die sich in den 70er Jahren lange vor der Postmoderne als Gegenbewegung gegen den technokratischen Funktionalismus herausgebildet hatten und die zu der Zeit nicht nur das Klima an den Universitäten prägten, sondern breite Schichten der Bevölkerung zu mobilisieren begannen. Der Verfasser erinnert sich noch an das eigene, fassungslose Erstaunen, als in diese Phase der Suche nach neuen Perspektiven, nach menschlicher Architektur und humanem Städtebau, nach Partizipationsmodellen und alternativen Wohnkonzepten, die ersten postmodernen Entwürfe hineinplatzten: an das spöttische Lächeln oder Achselzucken zu Anfang, weil diese schönen, bunten Bilder so offensichtlich keinerlei inhaltliche Legitimation besaßen, nichts mit den Fragen und Problemen zu tun hatten – und auch gar nichts damit zu tun haben wollten! –, deren Lösung anstand; an die Verwirrung, als diese Entwicklung sich keineswegs von selbst in Luft auflöste, sondern im Gegenteil immer stärkere Kreise zog; an die Empörung schließlich, als sie unaufhaltsam die Meinungsführerschaft im Architekturgeschehen übernahm und alle inhaltlichen Ansätze durch die schlichte Brillanz der Architekturgraphik zu überrollen, an die Wand zu drücken und endlich mundtot zu machen begann. Es wurde offensichtlich, daß diesem Phänomen weder mit berechtigter Kritik, noch mit wütender Polemik beizukommen war: die Bilder waren stärker – egal, ob sie reaktionäre oder restaurative Inhalte transportierten. Der Vorgang enthüllte ganz einfach das Ausmaß der Entzugserscheinungen, die sich durch die kahle, banale, entzauberte Funktionsarchitektur der Nachkriegszeit angestaut hatten, und die auch durch die überwiegend theoretisch und abstrakt geführten Diskussionen der 70er Jahre keineswegs befriedigt werden konnten. In der Empörung der progressiven Architekten über den Vormarsch der Postmoderne war deshalb auch ein gut Teil Ärger darüber verborgen, wie deutlich dieser Vormarsch die eigenen Defizite sichtbar machte, das eigene Unvermögen, die abstrakten Utopien in konkrete, faßbare Bilder umzusetzen. Was blieb also anderes übrig, als sich ebenfalls – und ernsthaft – mit dem Phänomen der »Sprache der Architektur« auseinanderzusetzen?

Unabhängig davon – und gerade auch angesichts der sich immer

---

[1] Jencks, Ch.: *Die Sprache der Postmodernen Architektur*, Stuttgart 1978.

schneller verschleißenden Modeströmungen, die inzwischen die Postmoderne abgelöst haben – wurde immer deutlicher, daß eine Auseinandersetzung mit den eigenen, also architektonischen Ausdrucksmitteln nicht mehr aufzuschieben war – auch wenn man, jenseits dieser Modeströmungen, einfach »nur« entwerfen will. »Entwerfen ist Entscheiden« hat schon Aldo Rossi gesagt: und wenn der Architekt die Verantwortung nicht abwälzen will, wie es der Funktionalismus getan hat, nämlich auf technische, ökonomische, organisatorische oder sonstige Sachzwänge, dann ist er es, der sich festlegen muß, auswählen muß, bestimmte Elemente in einer ganz bestimmten Art und Weise miteinander verknüpfen muß... und der damit automatisch eine persönliche Äußerung erzeugt, die den Betrachter dann als Botschaft erreicht und von ihm verstanden oder nicht verstanden, für interessant oder für banal, für sinnvoll oder unsinnig gehalten wird.

Ich entwerfe – also spreche ich!

Es gibt keine abstrakte Architektur, es gibt keine abstrakten Gebäude, jedes Fenster, jede Tür, jeder Fassadenausschnitt muß ganz konkret in bezug auf seine Lage, seine Größe, seine Form, seine Gliederung, seine Konstruktion und seine materielle Beschaffenheit festgelegt werden – und damit repräsentiert jedes fertiggestellte Gebäude neben anderen Aussagen immer auch die Summe der persönlichen Auswahl- und Verknüpfungsentscheidungen des Architekten, ist insofern eine individuelle Aussage und damit ein sprachlicher Akt.

Daran knüpft sich automatisch die Frage, ob diese jeweilige Entwurfsaussage immer nur das Ergebnis individuell-anarchischer Auswahl- und Entscheidungsprozeduren ist oder ob der Architekt auf ein Regelsystem zurückgreifen kann, das ihn in die Lage versetzt, die Bedeutung seiner Aussage zu steuern, ähnlich einem Redner, der bei der Erzeugung seiner Sätze auf das Regelsystem der gesprochenen Sprache zurückgreifen kann – oder sogar muß, um verständlich zu sein.

So gestellt, war die Frage nach der Sprache der Architektur nicht länger als Modeerscheinung abzutun, sondern entpuppte sich als zentrale Frage jedes Entwurfsvorganges: ob ein solches Regelsystem existiert, wie es beschaffen ist, ob man es erlernen kann und welche Auswirkungen sein Vorhandensein oder Nicht-Vorhanden-Sein auf die konkrete Tätigkeit des Architekten und die Lesbarkeit und Nachvollziehbarkeit unserer städtischen Umwelt hat...

Warum Architektur und gesprochene Sprache?

Die Idee, die gesprochene Sprache zur Klärung der aufgeworfenen Fragen heranzuziehen, liegt sehr nahe und sehr fern zugleich. Sehr nah, weil die gesprochene Sprache gegenüber allen neueren Zeichen-, Informations- und Kommunikationstheorien einen entscheidenden Vorteil besitzt: sie ist keine Theorie, sondern Praxis, Realität. Wir wenden sie täglich an – und sie funktioniert!

Darüber hinaus gibt es eine jahrhundertealte, wenn man auf Platon oder Aristoteles zurückgeht sogar jahrtausendealte Tradition der Sprachforschung und -wissenschaft, also auch ausgereifte Erkenntnisse darüber, wie und wieso die Sprache funktioniert, wie sie aufgebaut ist und durch welche Mechanismen sie ihre so unterschiedlichen Aufgaben erfüllt. Warum also nicht aus dem Funktionieren *eines* Kommunikationssystems, und noch dazu des wichtigsten und umfassendsten, Rückschlüsse auf den Aufbau anderer Kommunikationssysteme, unter anderen das der Architektur, ziehen?

Sofort wurden jedoch auch die schwerwiegenden Gegenargumente sichtbar:
– Sprache ist immateriell, Worte kann man nicht anfassen; Architektur ist materiell, ein Gebäude muß man abtragen oder sogar wegsprengen.
– Daraus resultierend: der abstrahierende Charakter von Sprache, der konkretisierende (anschauliche) Charakter von Architektur.
– Sprache entfaltet sich in der Zeit, Architektur verdrängt Raum.
– Die primäre Funktion von Sprache ist die Mitteilung, die primäre Funktion der Architektur ist die »Gestaltung von Orten menschlicher Lebenspraxis«.[2]

Angesichts solcher grundlegenden Gegensätze schien eine direkte Übertragung sprachlicher Prinzipien auf die Architektur von vornherein zum Scheitern verurteilt.

Der Umweg über die Wahrnehmungspsychologie

[2] Lorenzer, A.: Architektonische Symbole und subjektive Struktur, in: Das Prinzip Reihung in der Architektur, Dortmund 1977, S. 144.
[3] Norberg-Schulz, Chr.: Logik der Baukunst, Vieweg, Braunschweig 1980.

Auf einem ganz anderen Weg gelangt Christian Norberg-Schulz in seiner »Logik der Baukunst« zu einer Definition von Architektur, die fast deckungsgleich mit dem sprachlichen Ansatz ist: »Architektur als Symbolsystem«.[3] In seinem Kapitel »Voraussetzungen« beschreibt er zwei Ausgangspunkte, die zu dieser Definition führen: Wahrnehmung und Symbolisierung.

Wahrnehmung

Aus der zentralen These der Wahrnehmungspsychologie »Das Ganze ist etwas anderes als die Summe seiner Teile« folgt, daß die einzelnen Elemente in ihrer Aussage und Wirkung durch den jeweiligen Gesamtzusammenhang, in dem sie wahrgenommen werden, modifiziert werden: Farben wirken anders, wenn sie mit anderen Farben kombiniert werden; ein Quadrat erscheint, auf ein Strahlenbündel projiziert, als Trapez; Wein aus Kaffeetassen schmeckt ungleich schlechter als aus Kristallgläsern usw.... Was wir wahrnehmen, sind also nie Einzelreize, sondern ist immer eine Komplexqualität aus der Summe aller Einzelreize.

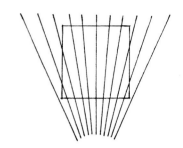

Das Quadrat erscheint, auf ein Strahlenbündel projiziert, als Trapez.

Die Relevanz dieser Betrachtungen für den Vorgang des Entwerfens liegt auf der Hand. Der Architekt macht, wenn er zum Beispiel eine Fassade entwirft oder überarbeitet, das gleiche wie der Wahrnehmungspsychologe bei seinem Experiment: Er verändert ständig Einzelreize (Fenster, Balkone etc.) oder aber die Beziehungen zwischen den Einzelreizen und beobachtet – stellvertretend für den späteren Betrachter – was dadurch an Veränderungen des Gesamtreizes (Fassade) vor sich geht, in welcher Weise die Einzelmaßnahmen jeweils das Gesamtergebnis beeinflussen. Er kann unmöglich die Elemente einzeln entwerfen oder optimieren, jede Detailveränderung modifiziert die Gesamtaussage und kann sie im Extremfall sogar in ihr Gegenteil verkehren.

Aber damit nicht genug: Der oben zitierte Lehrsatz der Wahrnehmungspsychologie beinhaltet darüber hinaus die Aussage, daß das Gesamterlebnis oft nicht aus der Addition der einzelnen Elemente zu erklären ist, daß durch die Zusammenfügung von Einzelteilen etwas Neues entstehen kann, eine neue Qualität, die in keinem der Einzelelemente vorhanden ist. Die Beispiele für solche qualitativen Sprünge sind zahllos und umfassen alle Bereiche unserer Wahrnehmungswelt:

Biologie: aus einer bestimmten Zusammenballung von Großmolekülen entsteht Leben;

Chemie: aus den ungenießbaren Elementen Chlor und Natrium entsteht Kochsalz;

Musik: aus der Zusammenfügung einzelner Noten entsteht eine Melodie;

Geometrie: aus der Aneinanderreihung von Punkten entsteht zum Beispiel ein Kreis;

Architektur: aus einer Aneinanderfügung von Mauersteinen entsteht Raum;

Sprache: aus einzelnen Buchstaben entstehen bedeutsame Wörter.

Zusammengefaßt heißt das: Bestimmte Eigenschaften oder Qualitäten entstehen aus Elementen, die für sich allein genommen diese Eigenschaften nicht besitzen – die neue Qualität ist kein Bestandteil der einzelnen Elemente.

Um von vornherein eine Mystifizierung dieser Vorgänge auszuschließen, muß klargestellt werden, daß diese qualitativen Sprünge durchaus nicht immer oder automatisch eintreten. Aus einer Ansammlung von Mauersteinen muß kein Raumgebilde, aus einer Aneinanderreihung von Noten keine Melodie, aus einem Zusammenfügen von Buchstaben kein Wort entstehen. Das Mehr, das Neue, das entstehen kann, ist vielmehr abhängig von einer bestimmten Anordnung der Elemente.

Links: vier Punkte
Rechts: ebenfalls 4 Punkte, aber darüber hinaus ein Quadrat!

Die Bedeutung »Quadrat« kommt lediglich dadurch zustande, daß die Beziehungen zwischen den Elementen verändert wurden. Oder anders gesagt: Der qualitative Sprung, die ›Gestalt‹, die zusätzliche Bedeutung entsteht durch besonders strukturierte Beziehungen. Das, was in keinem der Einzelteile vorhanden ist, ist der Bauplan, der Aufbau, die *Struktur* des Ganzen.

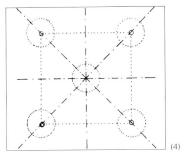
(4)

Strukturgerüst des Quadrats (nach Arnheim)

Der Kunsthistoriker Hans Sedlmayr entwickelt auf der Basis dieser Einsichten seine Methode der Strukturanalyse, um den Aufbau und die jeweils spezielle Bedeutung eines Kunstwerks zu erfassen. Und Norberg-Schulz, der sich dezidiert auf Sedlmayr beruft, wendet diesen Strukturbegriff in seinem Kapitel über die »Form« auf die Architektur an und stellt fest, »daß jede Formanalyse im Aufzeigen von Elementen und Relationen besteht«.[5]

Diese Aussage über die Formanalyse gilt natürlich in gleicher Weise für die Formsynthese (also auch für das Entwerfen): Jede Formsynthese besteht im Herstellen (oder Auswählen) von Elementen und Beziehungen, jeder Entwurf ist das Ergebnis strukturierender Bemühungen, jedes fertige Gebäude erhält seine Bedeutung durch die der Verknüpfung seiner Elemente zugrunde liegende Ordnungsstruktur.

Diese Einführung des Bedeutungsbegriffes als Funktion einer bestimmten Struktur leitet gleichzeitig zum zweiten Ansatzpunkt von Norberg-Schulz über.

[4] Arnheim, R.: *Kunst und Sehen. Eine Psychologie des schöpferischen Auges.* De Gruyter, Berlin – New York 1978.
[5] Norberg-Schulz, Chr.: *Logik ...* S. 133.

Symbolisierung

Unsere Welt wäre ein Chaos von Reizen und Phänomenen, würde nicht ein gut Teil unserer Sozialisation darin bestehen, diese Phänomene allmählich zu unterscheiden, einzuordnen, zu klassifizieren und schließlich in Form von Merkmalsstrukturen zu speichern. Das phänomenologische Chaos der Realität wird also in unserem Bewußtsein nicht nur widergespiegelt, sondern durch mentale Operationen zu einer eigenständigen, in Klassen und Gruppen geordneten Welt auf- und umgebaut.

Nun erweist es sich als sinnvoll und darüber hinaus für viele Zwecke als notwendig, diese Strukturen »mittels Zeichen zu fixieren, so daß sie besprochen, beschrieben und in Systeme eingeordnet werden können«.[6] Diesen Vorgang bezeichnet Norberg-Schulz als Symbolisierung. Er geht zunächst von der gesprochenen Sprache aus, die bestimmte Zeichen (Wörter) bestimmten Merkmalsstrukturen zuordnet. Aber die uns umgebende Realität ist so komplex, daß wir neben der gesprochenen Sprache zusätzliche Zeichen- oder Symbolsysteme benötigen. Norberg-Schulz unterscheidet unter anderem zwischen abstrahierenden (z. B. Sprache, Mathematik, Logik) und konkretisierenden (z. B. visuelle Kommunikation), weiterhin zwischen beschreibenden und nichtbeschreibenden Zeichensystemen.

In dieser Klassifikation erhält die Kunst – und damit auch die Architektur – ihren Platz als konkretisierendes, nichtbeschreibendes Symbolsystem, da sie die Phänomene nicht nur in abstrahierter Form wiedergibt, sondern in der Lage ist, auch neue Phänomene hervorzubringen, neue Sachverhalte, Zusammenhänge oder Entwicklungen zu konkretisieren.

Klassifikation von Phänomenen, z. B mein Kater »Einstein«.

Die Sackgasse der Zeichentheorie

Mit dieser Klassifikation hatte sich Norberg-Schulz jedoch automatisch in den Fußangeln der konventionellen Zeichentheorie verfangen. Diese Fußangeln bestehen in mehreren unerlaubten Gleichsetzungen:
a) Zeichen = Phänomene
Ein Gebäude ruft im Bewußtsein eines Betrachters aufgrund der Merkmalsstruktur, die dieser im Laufe seiner Sozialisation gespeichert hat, eine bestimmte Bedeutung hervor (z. B. die Bedeutung |Kirche|). Der Betrachter kann jetzt diese Bedeutung in Worte fassen, also der Merkmalsstruktur einen Begriff zuordnen, indem er das Zeichen »Kirche« verwendet. Aber dadurch verwandelt sich die Kirche selbst noch nicht in ein Zeichen – sie bleibt ein reales Phänomen mit einer bestimmten Bedeutung. Das Zeichen ist das Wort »Kirche«, nicht das Phänomen. Nur weil die Phänomene Bedeutung haben, werden sie nicht automatisch zu Zeichen.

[6] *a. a. O., S. 50.*

b) Zeichen = Zeichen
Die Zeichentheorie erhebt den Anspruch, sämtliche Zeichenphänomene auf einen zugrunde liegenden Zeichenmechanismus zurückzuführen. Dieser allgemeine Ansatz verdeckt jedoch gerade die charakteristischen Unterschiede zwischen den vielfältigen Erscheinungsformen von Zeichen und führt damit fast zwangsläufig zu Irrtümern und falschen Schlußfolgerungen. Die Gleichschaltung von sprachlichen Zeichen, Verkehrszeichen, Computersymbolen und Kunstwerken entspricht in etwa der Vorgehensweise, die Norberg-Schulz im Zusammenhang mit der Klassifizierung von Phänomenen als drastisches Beispiel anführt, nämlich Chinesen und Käse in die gleiche Klasse von Dingen einzuordnen: beide sind gelb.

c) Zeichensystem = Sprache
Die Zeichentheorie stellt fest, daß die Sprache aus einzelnen Zeichen besteht und definiert daher die Sprache als Zeichensystem. Das ist das gleiche, wie wenn man einen Menschen, oder allgemein: ein Lebewesen, als Molekülsystem bezeichnet und damit den entscheidenden Unterschied zwischen einer Anhäufung von Molekülen und dem Phänomen »Leben« eliminiert. Wie man sieht, stoßen wir hier erneut auf den Hauptsatz der Wahrnehmungspsychologie, daß das Ganze etwas anderes als die Summe seiner Einzelteile ist. Die gesprochene Sprache ist sogar ein Beispiel par excellence für diesen Vorgang. Wir können im Aufbau der Sprache nicht nur einen, sondern mindestens drei qualitative Sprünge feststellen, Bedeutungssprünge also, die sich nicht aus der Bedeutung der jeweils einzelnen Elemente erklären lassen.

1. Beim Übergang von den einzelnen Lauten zu bedeutsamen Wörtern:

   l   L E B E N
   e   e b e l n
   b   b l e e n
   e   N E B E L
   n   e l n e b

2. Beim Übergang von den einzelnen Wörtern zum Satz:
   treten
   Stunde
   dunkelblau   »Ich trete in die dunkelblaue Stunde«[7]
   ich
   die
   in

Die besondere Stimmung, Atmosphäre, Bedeutung, die die Gedichtzeile von Benn schlagartig in unserem Bewußtsein evoziert, läßt sich aus der Bedeutung der einzelnen Wörter nicht erklären.

3. Bei der Einbettung eines Satzes in einen konkreten Situationskontext.

Ein schlagendes Beispiel hierfür ist die Bedeutungsveränderung, die schon der Minimalsatz »ich gehe« in unterschiedlichen Situationen erfahren kann: er kann völlig harmlos sein, wenn er nach Feierabend

---

[7] Benn, G.: *Gesammelte Werke*, Bd. 1. Limes Verlag, Wiesbaden, 1960, S. 259

beiläufig unter Kollegen geäußert wird – oder aber explosiv, wenn er auf dem Höhepunkt eines Ehestreits fällt. Beide Bedeutungen haben nichts miteinander zu tun, sie entstehen erst aus der jeweiligen Situation, also aus dem Gesamtzusammenhang.

Die gesprochene Sprache ist also etwas gänzlich anderes als die Summe der Zeichen, aus denen sie besteht. Sie läßt sich daher auch nicht von den einzelnen Elementen her, aus der Zeichentheorie heraus, erklären! Sie ist ein neues, eigenständiges, übergeordnetes Phänomen, das zusätzlich zu den einzelnen Elementen (Repertoire von Zeichen) das komplexe Netz der Beziehungen enthält, die – wie wir gesehen haben – vorhanden sein müssen, um die qualitativen Sprünge bei der Verknüpfung der Einzelelemente hervorbringen zu können.

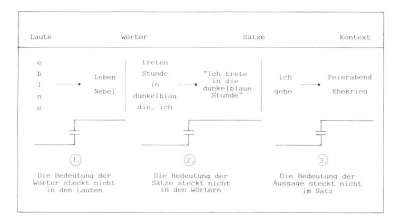

Die qualitativen Sprünge im Aufbau der Sprache.

Sprache als Struktur

Die Behauptung, daß die Sprache ihre verblüffenden Leistungen nur vollbringen kann, weil ihr eine besonders komplexe Struktur zugrunde liegt, und daß diese Struktur – und nicht die einzelnen Zeichen – das Wesen der Sprache ausmachen, diese Behauptung hat durch die Forschungsergebnisse der modernen Linguistik eine geradezu erstaunliche Bestätigung erfahren. Faßt man deren Ergebnisse zusammen, läßt sich der gesamte Aufbau der gesprochenen Sprache als stufenförmig komplexer werdendes, engmaschiges Gewebe miteinander vernetzter Strukturen darstellen, kurz: »Die Sprache zerfällt nicht mehr in eine zufällige Ansammlung einzelner Wörter oder Äußerungen, sondern sie besteht aus dem System von Elementen und Beziehungen, das diesen zugrunde liegt«.[8]

Noch verblüffender aber ist die nahezu vollständige Identität dieser Sprachdefinition mit der schon zitierten Formulierung von Norberg-Schulz, daß in der Architektur »jede Formanalyse im Aufzeigen von Elementen und Relationen besteht«. Daß demzufolge

[8] Bierwisch, M.: Strukturalismus. Geschichte, Probleme und Methoden, in Kursbuch 5, 1966, S. 81.

jede Formsynthese das Herstellen von Strukturen beinhaltet, daß der Vorgang des Entwerfens mit dem Prozeß der Erzeugung komplexer Strukturen gleichzusetzen ist.

Was wäre also, wenn man Architektur nicht – wie Norberg-Schulz – als Zeichen- oder Symbolsystem definiert, sondern als *Sprachsystem*? Wenn man die Analogie zwischen gesprochener Sprache und Architektur nicht auf der Zeichenebene herstellt (mit all den eingangs beschriebenen Problemen der Unterschiede zwischen Wörtern und Bauelementen), sondern auf der Sprachebene, auf der Ebene des strukturellen Aufbaus? Beweist nicht die Tatsache, daß die Architektur in gleicher Weise wie die gesprochene Sprache in der Lage ist, eine geradezu überwältigende Bandbreite der Ausdrucksformen hervorzubringen, daß der Architektur ein ähnlich komplexer Aufbau zugrunde liegen muß?

Diese Fragen einmal gestellt, wurden sofort weitere Parallelen sichtbar:
– die gleiche Heterogenität sprachlicher und architektonischer Produktion: vom Zeitungsinserat bis hin zum Drama, vom Garagenbau bis zum Museumskomplex;
– die Existenz von Literaturstilen (Klassik, Romantik, Expressionismus etc.) und Architekturstilen (Romanik, Gotik, Renaissance etc.);
– die gleichartige Genese von Sprachen und Baustilen in einem langsamen, oft Jahrhunderte dauernden Segmentierungsprozeß;
– die Ausbildung umfangreicher Repertoires (Wörter, Lexika) und Verbindungsregeln (Grammatiken) in der Sprache und in der Architektur (Raum-, Baukonstruktions- und Formenlehren).
– Darüber hinaus die Zusammenfassung von Wissen in Rhetoriken (Aristoteles) und Typologien (Quatremere de Quincy);
– die Heterogenität der Sprachsysteme, das heißt die Existenz von Dialekten, Soziolekten und Ideolekten sowohl in der Sprache wie auch in der Architektur (italienische – deutsche Renaissance) bis hin zu Erkenntnissen der Soziolinguistik über die klassenspezifische Rezeption von Codes (Architekten-Code – Bewohner-Code);
– das gleichermaßen starke Eingebundensein von Literatur und Architektur in gesamtgesellschaftliche Prozesse.

Und schließlich gibt es nicht nur eine Sprache der Architektur, sondern auch eine »Architektur der Sprache« (Coseriu,[9]) sowie zahlreiche Veröffentlichungen in der Literaturwissenschaft, die ursprünglich aus der Architektur stammende Begriffe zur Ableitung literarischer Phänomene benutzen, wie etwa Eberhard Lämmert in seinem Buch »Bauformen des Erzählens«.[10]

Mit der Einsicht in diese Übereinstimmungen wurden schlagartig sowohl das Ziel wie auch der einzuschlagende Weg deutlich. Das Ziel: Festzustellen, ob man die Prinzipien und den strukturellen Aufbau der gesprochenen Sprache verallgemeinern und auf alle Systeme, die bedeutungtragende Strukturen erzeugen können

---

[9] Pelz, H.: *Linguistik für Anfänger*, Hoffmann und Campe, Hamburg 1975, S. 197: »*Coseriu bezeichnet als ›Struktur der Sprache‹ das einheitliche System, charakterisiert durch Oppositionen; als ›Architektur der Sprache‹ die Diversität von diatopischen, diastratischen und diaphasischen Subsystemen, aus denen sich in Wirklichkeit eine historische Sprache aufbaut.*«

[10] Lämmert, E.: *Bauformen des Erzählens*, Metzler, Stuttgart 1968 (3. Auflage).

(also auch auf die Architektur), übertragen kann. Die Vorgehensweise: Die fortgeschrittenen wissenschaftlichen Erkenntnisse sowie die Methode der strukturalistischen Linguistik für die Beschreibung einer »Sprache« der Architektur heranzuziehen, und zwar nicht auf der Basis einer Identität der Elemente (Wörter – Bauteile), sondern auf der Basis weitgehender Strukturähnlichkeiten zwischen Architektur und Sprache als verschiedenen, aber gleichrangigen kulturellen Phänomenen.

Abgrenzung zur Ästhetik

Nicht zufällig eröffnet die Sprachanalogie gleichzeitig eine Möglichkeit, die Klippe zu umschiffen, an der fast alle Arbeiten zum Thema »Sprache der Architektur« unweigerlich scheitern: das Problem der Ästhetik. Ganz ohne Zweifel zielt die Motivation, das Interesse, die Intention aller Beschäftigung mit der Sprache der Architektur auf die qualitative Verbesserung der gebauten Umwelt, auf die Überwindung der Banalität, Bedeutungsarmut, Trostlosigkeit und Häßlichkeit unserer Städte – und nicht auf Grammatik und Strukturtheorie. So wie Literatur und Poesie normalerweise im Mittelpunkt des Interesses an der Sprache stehen (wenn man nicht gerade Linguist ist), steht hinter der Frage nach der Sprache der Architektur unweigerlich die Frage nach der *Baukunst*. Aber wir sind nicht in der Situation, diese Frage sofort angehen oder gar beantworten zu können. Denn so mühelos es mit Hilfe der Sprache normalerweise gelingt, die gewünschte Bedeutung in Worte zu fassen, so unmöglich ist es heute für den Architekten geworden, mit ähnlich unbewußter Leichtigkeit Bedeutung und Ausdruck seiner Gebäude zu steuern. Solange jedoch die Grundlagen sprachlicher Prozesse in der Architektur so wenig geklärt sind, ist es kaum hilfreich, sich sofort im Dickicht ästhetischer Spekulationen zu verlieren. Die perfekte Beherrschung sprachlicher Regeln ist immer noch Basis und Ausgangspunkt jeder poetischen Lizenz.

Die Sprachanalogie hilft nun, diese beiden Ansatzpunkte auseinanderzuhalten: Jedes Kind lernt seine Muttersprache – aber nicht jedes Kind wird ein Schriftsteller. Insofern muß es möglich sein, die Frage nach dem Funktionieren der architektonischen Sprache zu klären, ohne gleichzeitig die übergeordneten Probleme der Baukunst und der Ästhetik in der Architektur zu lösen (sofern sich diese Fragen nicht sowieso einer rein wissenschaftlichen Analyse entziehen). Ganz ohne Zweifel ist aber die Untersuchung sprachlicher Grundlagen, wie sie hier unternommen wird, Voraussetzung einer solchen weitergehenden Beschäftigung.

II. SPRACHE I

Sprachen sind faszinierende Phänomene. Nicht nur, daß sie in der Lage sind, durch ihren besonderen Aufbau jene schon erwähnten Bedeutungssprünge hervorzurufen, die sie von anderen Zeichensystemen wie etwa den Verkehrszeichen, visuellen Leitsystemen oder Warenzeichen grundsätzlich unterscheiden. Sie haben darüber hinaus die faszinierende Eigenschaft, bei strenger Regelhaftigkeit vollkommene Freiheit zu ermöglichen: Innerhalb ihrer Regeln kann man *alles* sagen, jede gewünschte Bedeutung ausdrücken. Mit diesem scheinbaren Paradox hängt die dritte Fähigkeit jeder Sprache zusammen, nämlich aus einem endlichen Repertoire von Elementen und Kombinationsregeln eine unendliche Menge potentieller Äußerungen erzeugen zu können: aus dem lächerlich geringen Repertoire von 25 bis 35 Lauten durch unterschiedliche und immer neue Kombinationen den gesamten Wortschatz; aus diesem immer noch begrenzten Wortschatz durch unterschiedliche Verknüpfungen das gesamte Spektrum der verbalen Kommunikation.

Generative Systeme

Sprachen können also nicht aus einem beliebig großen, aber begrenzten Inventar von fertigen Elementkombinationen bestehen, die es im Prozeß des Spracherwerbs allmählich auswendig zu lernen gilt, sondern Sprachen müssen offene, generative Systeme sein, deren Beherrschung den jeweiligen Benutzer in die Lage versetzt, immer wieder neue, nie gehörte oder gelesene oder anderweitig schon abgespeicherte Äußerungen hervorbringen zu können.

Aber die Sprache ist nicht das einzige generative System, das wir kennen. Analog zum Aufbau der gesprochenen Sprache ist die Musik in der Lage, aus den 12 Tönen der Oktave ein musikalisches Universum aufzubauen, bringt die Malerei es zustande, aus dem begrenzten Repertoire von Farben und Formen durch Kombination

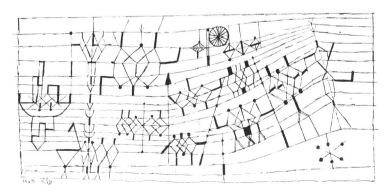

Paul Klee: *Figurenschrift*, 1925

Aus wenigen Baumaterialien und formalen Elementen schafft es die Architektur, die unerschöpfliche Vielfalt und Variationsbreite einer mittelalterlichen Fachwerkstadt hervorzubringen.

immer wieder neue visuelle Strukturen zu erzeugen, schafft es die Architektur, aus wenigen Baumaterialien und formalen Elementen und unter Einhaltung strenger Regeln zum Beispiel die unerschöpfliche Vielfalt und Variationsbreite einer mittelalterlichen Fachwerkstadt hervorzubringen.

Wie aber funktionieren solche generativen Systeme? Wie ist es möglich, aus einem so begrenzten Repertoire von Elementen und Verbindungsregeln eine unbegrenzte Zahl von Kombinationen zu generieren? Es gibt nur eine Lösung: Elemente wie auch Kombinationsregeln müssen vielfach verwendbar sein.

Schauen wir uns zunächst die Sprache an. Die Wörter der gesprochenen Sprache bezeichnen keine konkreten Gegenstände, sondern Bedeutungs- oder Merkmalsstrukturen. Je komplexer nun diese Merkmalsstrukturen sind, desto öfter läßt sich dasselbe Wort in unterschiedlichen Kontexten verwenden. Das Wort »Schule« enthält zum Beispiel unter anderem folgende Merkmale:
– pädagogisches Prinzip
– Ort des Lernens
– konkretes Gebäude
– Sozialisationsstufe
– staatliche Institution.

Es ähnelt damit einem Molekül, das vielfache Anlagerungsmöglichkeiten an andere Moleküle besitzt.

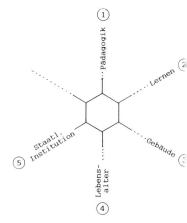

Dadurch werden folgende, gänzlich unterschiedliche Verwendungen möglich:
zu 1: Die Schule ist überflüssig.
zu 2: Die Schule des Lebens.
zu 3: Die Schule ist baufällig.
zu 4: Als er die Schule beendet hatte, begann er eine Lehre.
zu 5: Die Schule braucht mehr Lehrer.
Stellt man sich nun alle Wörter des Wortschatzes als solche freischwebenden Moleküle mit Vielfachverbindungen vor, wird sofort klar, daß sich daraus tatsächlich eine unbegrenzte Zahl von unterschiedlichen Molekülketten, sprich: Sätzen oder Texten, erzeugen läßt.

Aber nicht alle denkbaren Kombinationen von Wörtern ergeben sinnvolle Sätze. Der Verknüpfung der Wörter liegen deshalb zusätzlich grammatische Prinzipien zugrunde, Kombinationsregeln also, die ebenso endlich sind wie der Wortschatz, aus denen sich aber wiederum eine unbegrenzte Menge konkreter Sätze erzeugen läßt. Dazu ist es allerdings notwendig, von den Inhalten der Wörter vollständig zu abstrahieren und sie nach Funktionen und Klassen zu ordnen,

zum Beispiel nach ihrer Funktion im Satz/zum Beispiel nach Klassen

- Subjekt   – Substantiv
- Prädikat   – Verb
- Objekt   – Adverb
- etc.   – Präposition
                  – etc.

Die Strukturen, die aus diesen abstrakten Elementen entstehen, sind nun wie »Gefäße«, die eine Vielzahl unterschiedlicher Inhalte aufnehmen können.[11]

Syntaktische Strukturen (Baumdiagramm)

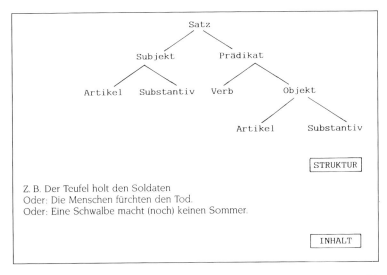

Z. B. Der Teufel holt den Soldaten
Oder: Die Menschen fürchten den Tod.
Oder: Eine Schwalbe macht (noch) keinen Sommer.

[1] Lausberg, H.: Elemente der literarischen Rhetorik, Hueber-Verlag, München 1967 (3. Auflage), S. 14.

Nichts aber ist dem Architekten vertrauter, als das Verwenden von gleichen Strukturen in vollständig unterschiedlichen Aufgaben- und Anwendungsbereichen. (Hier z. B.: das Raster)

z. B. Skelettsystem

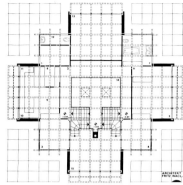

z. B. Grundriß

G. Terragni, Casa del Fascio, Como

A. Mangiarotti, Mailand: Struktur a Form

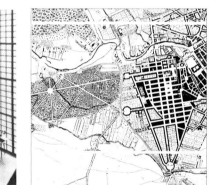

z. B. Glasbausteine

z. B. Städtebau

Chareau/Bijvoet, Maison de verre, Paris 1929/31

Plan von Berlin, J. F. Schneider 1798

z. B. Fassade

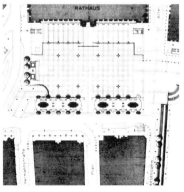

z. B. Platzbelag

Richard Meier: Museum für Kunsthandwerk, Frankfurt a. M., 1985

Rathausplatz Hamburg

auch die architektonischen Elemente verfügen analog zu den Wörtern der Sprache in den meisten Fällen über vielfältige Anschlußmöglichkeiten.

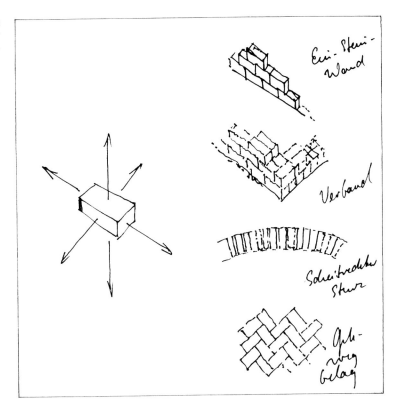

Aber auch das einzelne architektonische Element verfügt analog zu den Wörtern der Sprache in den meisten Fällen über vielfältige Anschlußmöglichkeiten, so daß es ganz unterschiedliche Verbindungen eingehen kann (z. B.: Mauerwerksbau). Angesichts dieser Vielfachverwendbarkeit von Elementen und Verknüpfungsregeln muß die gemeinsame Ausgangsdefinition von Architektur und Sprache als System von Elementen und Relationen erweitert oder präzisiert werden. Unzählige andere Phänomene, zum Beispiel die Fülle der Gebrauchsgegenstände oder industriellen Erzeugnisse wie Autos, Radios, Uhren, Möbel etc. bestehen ebenfalls aus Elementen und sind nach bestimmten Regeln zusammengesetzt. Aber es gibt jeweils nur eine richtige Lösung! Weder die Elemente, noch die Art und Weise des Zusammenbaus sind austauschbar, variabel, ohne daß die Funktion erlischt, das Produkt unbrauchbar wird. Elemente und Regelsystem sind spezialisiert, *univalent*, nur für diesen einen Zweck verwendbar.

Im Gegensatz zu diesen Bausätzen stehen die Baukästen, in der Minimalform zum Beispiel ein Satz Holzklötzchen mit unterschiedlichen Größen, Formen und Formaten. Auch hier handelt es sich um ein System von Elementen und Möglichkeiten der Verknüpfung, aber es gibt unendlich viele Lösungen! Das System ist offen, die Elemente und Verbindungsregeln sind *multivalent* und schaffen damit – wie in den komplexeren generativen Systemen der Sprache, der Architektur, der Musik, der Malerei etc. – die Voraussetzung für immer neue, kreative Lösungen.

Das sprachliche Gewebe

Paradigmatische Beziehungen
Eine weitere, faszinierende Eigenschaft der gesprochenen Sprache besteht in der Tatsache, daß die einzelnen Wörter auch unabhängig von ihrer tatsächlichen Benutzung oder Einbindung in einen Satz untereinander verknüpft sind, durch ein virtuelles Netz von Beziehungen miteinander zusammenhängen. Ein Beispiel:

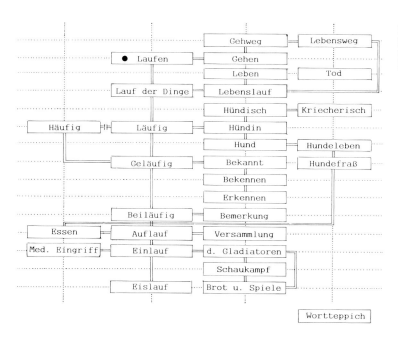

Die einzelnen Wörter der gesprochenen Sprache sind durch ein virtuelles Netz von Beziehungen untereinander verknüpft.

Die geläufigste Beziehung innerhalb solcher Wortteppiche, die beliebig weiter gefüllt, ergänzt und in jede Richtung fortgeführt werden können, ist die *assoziative* Beziehung. Solche Assoziationsketten bilden in ihrer Gesamtheit unter anderem den unerschöpflichen Nährboden der Poesie.

»Worte, Worte – Substantive!
Sie brauchen nur die Schwingen
zu öffnen und Jahrtausende entfallen ihrem Flug. Nehmen Sie
Anemonenwald, also zwischen Stäm-
men feines, kleines Kraut, ja
über sie hinaus Narzissenwiesen,
aller Kelche Rauch und Qualm,
im Ölbaum blüht der Wind und über
Marmorstufen steigt, verschlungen,
in eine Weite die Erfüllung –
oder nehmen Sie Olive oder Theo-
gonien: Jahrtausende entfallen
ihrem Flug. Botanisches oder Geo-
graphisches, Völker und Länder,
alle die historisch und systematisch
so verlorenen Welten werden fühl-
bar aus den Schichten eines Quer-
schnitts von Begriff«.[12]

Aber die assoziative Beziehung ist nur eine, noch dazu individuell gefärbte Beziehung unter vielen anderen, die die Struktur des Wortschatzes prägen. Es lassen sich des weiteren *Wortfelder* feststellen, also größere oder kleinere Mengen von Wörtern, die inhaltlich wesentlich mehr miteinander zu tun haben als mit anderen Wörtern: zum Beispiel die Wochentage oder die Verwandtschaftsbeziehungen. »Montag« ist zweifellos mit »Freitag« enger verbunden als mit »Vater«, »Sohn« oder »Tante«, diese wiederum haben mehr miteinander gemeinsam als mit dem Wortfeld der Fortbewegungsarten aus unserem Beispiel: laufen, gehen, schlendern, schleichen, kriechen...

Wortfelder sind größere oder kleinere Mengen von Wörtern, die inhaltlich miteinander verbunden sind.

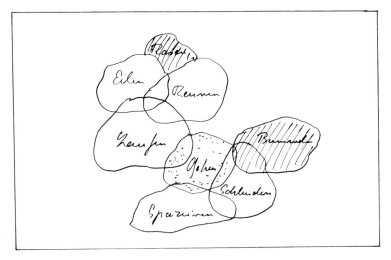

[12] Benn, G.: Ges. Werke, Bd. 8, Autobiographische Schriften. Limes, Wiesbaden 1968, S. 1914.

Neben dieser sozusagen horizontalen Struktur von nebeneinanderliegenden, sich auch oft überlappenden Wortfeldern existiert aber auch eine vertikale Struktur, die sogenannte *Hyponomie-Relation*: »Hund« und »Katze« lassen sich unter dem Oberbegriff »Tier« subsummieren, »Tier« und »Mensch« wiederum unter dem gemeinsamen Oberbegriff »Lebewesen«; gleichzeitig ist »Hund« aber auch selbst wieder der Oberbegriff für »Dackel«, »Bernhardiner«, »Pudel«, »Schäferhund« etc.

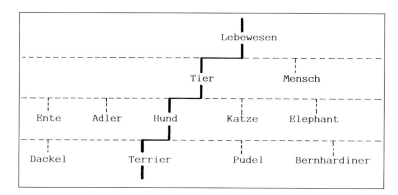

Neben der horizontalen Struktur von nebeneinanderliegenden oder sich überlappenden Wortfeldern existiert auch eine vertikale Struktur.

Und schließlich läßt sich ein beträchtlicher Teil des Wortschatzes in gegensätzliche Wörter aufteilen, deren Verbindung so eng ist, daß sie sich wechselseitig bedingen: das eine existiert nur, wenn oder weil das andere existiert.
Tod – Leben
Sein – Nichtsein
arm – reich
Freiheit – Gefangenschaft usw.
Gemeinsames Kennzeichen all dieser Beziehungen ist, daß sie jeweils auf Begriffe *außerhalb* des tatsächlich benutzten Wortes verweisen: in der Weise, in der ein angeschlagener Ton gleichzeitig vielfältige Ober- und Unterschwingungen auslöst, sind mit der Erwähnung eines Wortes im Bewußtsein des Sprechers oder Hörers gleichzeitig dessen Gegenteil, dessen begriffliches Umfeld, dessen Ober- und Unterbegriffe und dessen assoziative Beziehungen präsent, sie schwingen mit, obwohl sie konkret nicht in Erscheinung treten. Seit F. de Saussure nennt man diese Beziehungen, die der Struktur des Wortschatzes zugrunde liegen und die dem einzelnen Wort seine jeweilige Stellung im Gesamtsystem zuweisen, paradigmatische Beziehungen.

Ebensowenig jedoch, wie der Wortschatz eine amorphe Anhäufung von isolierten Einzelelementen ist, existieren die architektonischen Elemente autonom und unverbunden nebeneinander. Tatsächlich operieren sowohl Architekt wie auch Betrachter, wenn sie

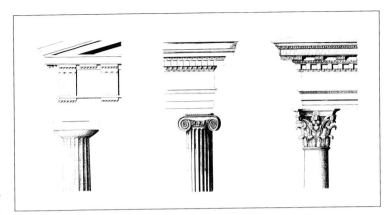

Das »Wortfeld« der klassischen Säulenordnungen: dorisch, ionisch, korinthisch.

architektonische Elemente verwenden oder identifizieren, innerhalb eines ebenso dicht besetzten assoziativen, semantischen oder logischen Feldes wie der Benutzer von Sprache. Eine dorische Säule zum Beispiel ist Bestandteil des »Wortfeldes« der klassischen Säulenordnungen: dorisch, ionisch, korinthisch.

Andererseits ist das Wortfeld der klassischen Säulenordnungen aber nur ein kleiner Ausschnitt, ein Unterbegriff (Hyponomie-Relation) im Rahmen des Gesamtfelds der Säulenordnungen, das dann sowohl die ägyptischen, kretischen, griechischen, römischen, romanischen und gotischen Ordnungen umfaßt, wie auch die ganze Bandbreite der Variationen, die bei der Wiederaufnahme der klassischen Formen durch Renaissance, Barock, Klassizismus etc. entstanden.

Das Wortfeld der klassischen Säulenordnungen ist nur ein kleiner Ausschnitt im Rahmen des Gesamtfelds der Säulenordnungen.

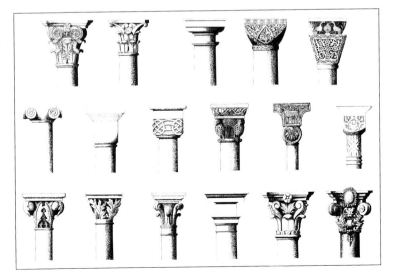

All diese weitergehenden Lösungsmuster tauchen, je nach Kenntnisstand des Architekten oder des Betrachters, je nach Intensitätsgrad der Beschäftigung und je nach Kontext über assoziative Beziehungen im Bewußtsein auf und wirken auf die Interpretation, Bedeutung und Einordnung des tatsächlich betrachteten Objekts zurück. Sie »schwingen« sogar noch »mit«, wenn man eine moderne Stahlbetonsäule betrachtet – und sei es nur als leises Bedauern über den eingetretenen Verlust an Erlebnisqualität.

In ähnlicher Weise lassen sich auch die anderen Beziehungsmuster nachweisen, zum Beispiel Gegensatzrelationen wie:

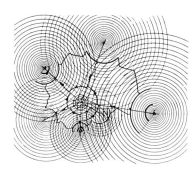
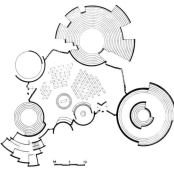

Paolo Phortoghesi/Vittorio Gigliotti, Kirche der heiligen Familie in Salerno

Gegensatzrelation zentrisch/linear

Aldo Rossi, Gallaratese, Mailand

Adolf Loos, Haus für Josephine Baker, Paris 1928

Fritz Höger, Chile-Haus, Hamburg

Gegensatzrelation horizontal/vertikal

Und schließlich existiert auch das Gesamtgebäude nie isoliert oder erhält seine Bedeutung nur aus sich selbst heraus. Seine spezifische Bedeutung ergibt sich vielmehr daraus, daß es einerseits im Zusammenhang mit allen anderen Gebäuden seiner Zeit, andererseits im Zusammenhang mit der Summe seiner Vorläufer gesehen wird.

Die spezifische Bedeutung eines Gebäudes ergibt sich daraus, daß es einerseits im Zusammenhang mit allen anderen Gebäuden seiner Zeit, andererseits im Zusammenhang mit der Summe seiner Vorläufer gesehen wird.

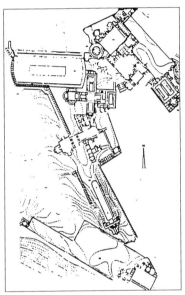

Villa Hadriana in Tivoli bei Rom

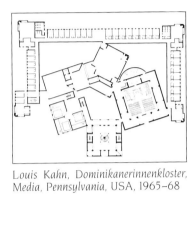

Louis Kahn, Dominikanerinnenkloster, Media, Pennsylvania, USA, 1965–68

Oswald Matthias Ungers, Wettbewerb, Studentenheim

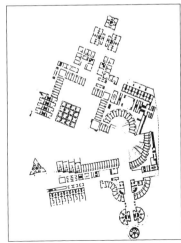

James Stirling, Wissenschaftszentrum Berlin

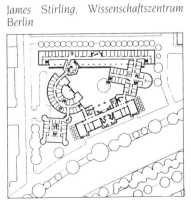

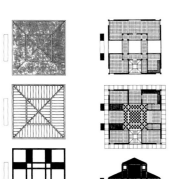

Bruno Reichlin/Fabio Reinhard, Casa Tonini in Torricella

Chiesa di Santa Sofia, Leningrad

Pantheon in Rom

Palazzetto Skorzewski, Polen

Andrea Palladio, Villa Rotonda

Villa Chiswick, England

Villa Cordellina Lombardi, Venetien

Vom Pantheon über die Villa Rotonda und ihre Nachfolger zur Casa Tonini.

Syntagmatische Beziehungen

Werden mehrere Wörter zu einer Wortfolge oder zu einem Satz zusammengefügt, treten neben die paradigmatischen, also außerhalb des Satzes liegenden Beziehungen die syntagmatischen Beziehungen, die zwischen den Wörtern innerhalb des Satzes bestehen. Wiederum lassen sich assoziative, semantische und logische Beziehungen unterscheiden. In dem Satz: »Sie verließen Haus und Hof, Heim und Herd« dominieren assoziative Beziehungen, noch verstärkt durch Alliteration, während der Satz: »Klaus trank das Fleisch« aus semantischen Gründen inkorrekt ist. Logische Beziehungen können die Bildung eines Satzes verhindern, wie: »Nach seinem Tod lebte er noch zwei Tage«, was aber nicht heißt, daß zwischen Wörtern innerhalb eines Satzes keine Gegensatzrelation bestehen kann: »Sein Tod war unser Leben«.

Im Rahmen der syntagmatischen Beziehungen muß aber darüber hinaus die große Gruppe der grammatischen Beziehungen beachtet werden. Ein Satz kann zum Beispiel nicht allein aus Substantiven gebildet werden, auf ein Subjekt muß in den meisten Sprachen irgendwann zumindest ein Prädikat folgen, bei längeren Sätzen auch ein Objekt oder eine adverbiale Bestimmung. Der Satz: »Die Jungen ist im Garten« zeigt, daß zusätzlich die einzelnen Satzglieder jeweils miteinander koordiniert werden müssen.

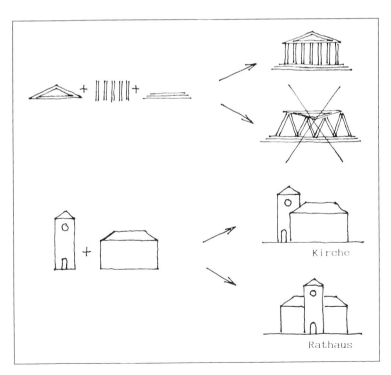

Auch in der Architektur sind gewisse Verknüpfungen erlaubt oder erzielen eine bestimmte Bedeutung, während andere »nichts« ergeben oder eine Bedeutungsverschiebung erfolgt.

Gemeinsames Merkmal aller syntagmatischen Beziehungen ist es also, daß die Auswahl eines Wortes immer Konsequenzen für die Auswahl der weiteren Wörter des Satzes hat, sei es, daß eine bestimmte grammatische Kategorie folgen muß, sei es, daß gewisse Wortfelder ausgeschlossen werden, sei es, daß bestimmte Wörter fast automatisch assoziiert und dann verwendet werden. Man kann sagen, daß die jeweilige Auswahl des ersten Elements aufgrund der syntagmatischen Beziehungen einen gewissen Zwang auf die weitere Verknüpfung ausübt, und sogar eine bestimmte Beendigung eines einmal begonnenen Satzes erzwingen kann.

Dies wiederum ist ein Phänomen, das der Architekt aus seiner Entwurfspraxis sehr genau kennt. Er kann nicht mitten im Entwurf »die Pferde wechseln«, also zum Beispiel das einmal gewählte konstruktive System verlassen oder auf eine ganz andere Formensprache ausweichen. Vielfältige syntagmatische Beziehungen schränken auch hier die Willkür und Beliebigkeit der Verknüpfungen ein.

Das beginnt schon damit, daß gewisse Verknüpfungen erlaubt sind oder eine bestimmte Bedeutung erzielen, andere hingegen »nichts« ergeben oder aber eine Bedeutungsverschiebung.

Wie eine differenzierte Anwendung von syntagmatischen Beziehungen zu einer sprechenden Architektur par excellence führen kann, zeigt das Beispiel der Certosa di Pavia, eines Kartäuserklosters vor den Toren von Pavia.

In diesem Beispiel geht es nicht um die berühmte Frontfassade der Kirche, sondern um den zweiten, großen Kreuzgang, um den

Certosa di Pavia, 1396–1473

Beispiele für die verschiedenen Möglichkeiten für die Anordnung des Schornsteins.

Die Unterkünfte der Mönche liegen als eigenständige Häuschen um einen rechteckigen Hof.

herum die Unterkünfte der Mönche angeordnet sind. Diese Unterkünfte sind allerdings keine nebeneinanderliegenden Zellen, sondern eigenständige, kleine Häuschen, deren Dächer, einzig mit einem kleinen Schornstein verziert, über dem durchlaufenden Dach des Kreuzganges sichtbar werden. Die Verknüpfung dieser Häuschen untereinander ließe sich nun problemlos als Aneinanderreihung und Gruppierung um einen rechteckigen Hof beschreiben – wäre da nicht das winzige Zusatzelement des Schornsteins, dessen Plazierung die Gesamtaussage der Anlage entscheidend verändert beziehungsweise auf eine andere Ebene hebt.

Der Architekt hatte – wie immer – viele Möglichkeiten, diesen Schornstein anzuordnen:

Lage irgendwo auf der Dachfläche: dann wäre er kaum in Erscheinung getreten und seine Bedeutung untergeordnet geblieben.

Lage mitten auf dem First: das hätte zu einer Zentrierung der Anlage geführt.

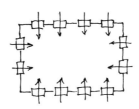 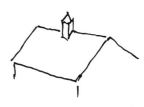

Die Erbauer entschlossen sich aber, den Schornstein direkt an eine Giebelseite zu legen. Gleichzeitig erzeugten sie durch formale Operationen Anklänge an eine Kirchturmspitze, so daß – im Zusammenhang mit den Häuschen – das Bild einer Kapelle assoziiert (paradigmatische Beziehung!) und damit sehr schön auf die spezielle religiöse Nutzung dieser Häuschen verwiesen wird.

Trotzdem bestand immer noch die Möglichkeit, die Einzelelemente zum Beispiel paarweise gegeneinander zu orientieren und dadurch einen Rhythmus zu erzeugen.

Die tatsächliche Lösung sah jedoch so aus, daß der Schornstein immer an der gleichen Giebelseite angeordnet wurde, so daß sich

Die Anordnung des Schornsteins an einer der Giebelseiten erzeugt Anklänge an eine Kirchturmspitze.

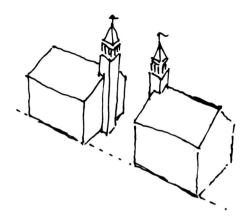

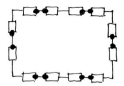

Eine paarweise Orientierung der Häuschen hätte einen Rhythmus erzeugt.

einerseits durch die Gleichrichtung ein starker linearer Zusammenhalt ausprägte (»Alle Häuser ziehen an einem Strang«), andererseits aber eine gewisse Isolierung sichtbar wurde, die Häuser wendeten einander immer den Rücken zu – sie kommunizierten nicht miteinander!

Das wirkt befremdlich solange man nicht weiß, daß es sich bei den Mönchen dieses Klosters um Mitglieder eines Schweige-Ordens handelt! Vor diesem Hintergrund jedoch ist die Übereinstimmung zwischen Inhalt und Ausdruck geradezu verblüffend: die spezielle innere Organisation des Ordens, also die feste Einbindung des einzelnen in einen Zusammenhang bei gleichzeitiger Trennung und Isolation, wird durch die Architektur perfekt symbolisiert. Und dies alles lediglich durch das kontrollierte Zueinander-In-Beziehung-

Durch die Anordnung der Schornsteine an der gleichen Giebelseite entsteht ein starker linearer Zusammenhalt, aber auch eine gewisse Isolierung. Vor dem Hintergrund, daß es sich bei den Mönchen dieses Klosters um Mitglieder eines Schweige-Ordens handelt, ist die Übereinstimmung zwischen Inhalt und Ausdruck verblüffend.

Setzen der Elemente, durch den gezielten Einsatz syntagmatischer Beziehungen.

Faßt man die Ergebnisse der Untersuchung syntagmatischer und paradigmatischer Beziehungen zusammen, kann jedes Bauteil – ebenso wie jedes Wort einer Äußerung – dadurch gekennzeichnet werden, daß es im Schnittpunkt zweier Achsen steht.

Und das Gebäude als Ganzes – beziehungsweise der ganze Satz oder Text – ist immer das Ergebnis der Vernetzung solcher axialer Beziehungen zu einer komplexen, ineinander verwobenen Struktur.

Übrigens zieht auch der Sprachwissenschaftler de Saussure bei seiner Erläuterung der syntagmatischen und paradigmatischen Beziehungen ein Beispiel aus der Architektur heran: »Unter dieser doppelten Betrachtungsweise ist eine sprachliche Einheit vergleichbar mit einem bestimmten Teil eines Gebäudes, zum Beispiel einer Säule; diese steht einerseits in einer gewissen Beziehung zum Architrav, den sie trägt – und diese Gruppierung zweier gleichermaßen gegenwärtigen Einheiten im Raum erinnert an die syntagmatische Beziehung; andererseits, wenn eine Säule von dorischer Ordnung ist, dann ruft sie im Geist einen Vergleich mit anderen Stilarten (ionisch, korinthisch usw.) hervor, welche im Raume nicht vorhandene Bestandteile sind: die Beziehung ist assoziativ«.[13]

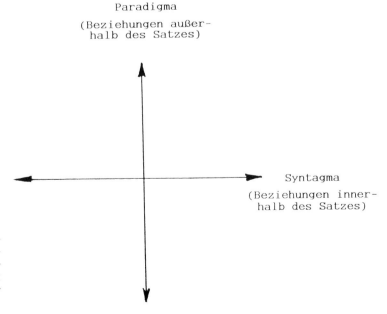

[3]) Krampen, M.: *Ferdinand de Saussure und die Entwicklung der Semiologie*, in: Die Welt als Zeichen. Klassiker der modernen Semiotik. Hrsg.: M. Krampen u. a. Severin und Siedler, Berlin 1981. S. 121.

Sprache und Sprecher

Dem System syntagmatisch und paradigmatisch organisierter Elemente entsprechen zwei gedankliche Grundoperationen: *Klassifizieren* und *Kombinieren*, oder auch: Auswählen und Verknüpfen. Die Sprache selbst bringt ja keine Sätze hervor, sie stellt lediglich ein bestimmtes Angebot von Elementen und Verknüpfungsmöglichkeiten bereit. Entscheiden, welche Elemente ausgewählt und in welcher Form diese miteinander verknüpft werden, muß der Sprecher, der Benutzer von Sprache. Das heißt, daß auch die Bedeutung des Satzes nicht innerhalb des Sprachsystems entsteht, sondern zunächst einmal im Kopf des Sprechers. Wie er diese Bedeutung dann in eine konkrete sprachliche Form bringt, indem er erstens das passende Wort auswählt und damit gleichzeitig alle anderen Wörter verwirft (paradigmatische Operation) und zweitens die so ausgewählten Wörter entsprechend der von ihm gewünschten Bedeutung zusammenstellt – und damit alle anderen Kombinationen ausschließt (syntagmatische Operation) – wird angesichts der vielfältigen Wahlmöglichkeiten zu einer persönlichen, individuellen und kreativen Leistung des Sprechers. Er kann sagen: »Diese Frisur macht dich häßlich«, oder aber seine Worte mit Bedacht anders wählen: »Diese Frisur steht dir nicht so gut«. Die von ihm gewählte Lösung erhält über ihren sachlichen Inhalt hinaus Bedeutung, weil sie in Opposition zu anderen Lösungen steht, die in einer bestimmten Situation auch möglich gewesen wären oder die ein anderer Sprecher vielleicht gewählt hätte.

Damit wird deutlich, daß auch das einfache Sprechen (und nicht nur Dichtung oder Poesie) durchaus kein mechanischer, automatisch ablaufender Vorgang ist, sondern ein kreativer Akt! Wenngleich dieser Prozeß unbewußt oder mit nicht mehr wahrnehmbarer Schnelligkeit abläuft, so gibt es doch zu jeder Äußerung unzählige Alternativen, und die ausgewählte Lösung erhält ihre besondere Bedeutung immer erst vor dem Hintergrund der verworfenen oder aussortierten Formulierungen: also durch Auswahl und Entscheidung des Sprechers.

Dieser *Freiheitsspielraum* macht nun gleichermaßen die Faszination des Entwurfsprozesses aus. Auch in der Architektur legt die Bauaufgabe, also der sachliche Inhalt, die Lösung keineswegs schon fest: Bestes Beispiel hierfür ist die Fülle der Lösungen, die bei einem Architekturwettbewerb trotz genau umrissener Aufgabenstellung von den einzelnen Architekten entwickelt wird.

Aber auch ein bereits gebautes Haus, das vielleicht dem Betrachter als völlig selbstverständlich gegenübertritt, hat sich einmal in einem mühseligen und langwierigen Prozeß aus dem virtuellen Raum unzähliger Lösungsvarianten herauskristallisiert. Und die Operationen, die der Architekt während dieses Prozesses ständig durchführen mußte, sind mit den Spracherzeugungsvorgängen absolut identisch: Auswählen und Verknüpfen.

Identisch ist auch der darin enthaltene Zwang zur Entscheidung. Die Auswahl von Mauerwerk als Außenwandkonstruktion ist gleichzeitig eine Entscheidung gegen Beton; die Aufreihung von Wohnräumen an einem Flur ist gleichzeitig eine Entscheidung gegen den Zentralraum; die Entscheidung für ein Flachdach ist gleichzeitig eine Entscheidung gegen das Giebeldach, Pultdach, Walmdach. Werden also nicht einfach fertige Schemata reproduziert (was dann mit Entwerfen nichts mehr zu tun hat), repräsentiert das fertiggestellte Gebäude nicht minder ein Stück individuellen Ausdrucks wie ein selbständig verfaßter Satz oder Text.

Es gibt andere generative Systeme, die ohne Sprecher auskommen, zum Beispiel die faszinierenden Abläufe in der Natur. Genetische Codes, sich selbst regulierende Überlebensprogramme und Umwelteinflüsse steuern hier den Aufbau komplexester Phänomene. Dem stehen speziell vom Menschen hervorgebrachte Strukturen gegenüber, die so in der Natur nicht vorkommen: Sprache, Architektur, aber auch Musik, Malerei, Mathematik, Mode usw. als Basis seiner »zweiten« Natur, der Kultur.

Richard Meier, Haus Douglas

Die faszinierenden Abläufe in der Natur stellen auch ein generatives System dar.

Hof des Dogenpalastes, Venedig

Sprache und Kontext

Aber auch ein Sprecher bleibt stumm, wenn es nichts zu sagen gibt, wenn kein Anlaß, kein Grund, keine Situation vorhanden ist, die eine Äußerung motiviert. Man kann sogar noch weitergehen und sagen: eigentlich bringt nicht der Sprecher die Äußerung hervor, sondern die Situation (genauso, wie sie andererseits manchmal Äußerungen verhindert). In jedem Fall aber beeinflußt der Situationskontext immer die konkrete Formulierung, die Wortwahl, den Aufbau des Satzes. Ein Lehrer kann zu einem Schüler sagen: »Mach das Fenster zu«, aber ein Schüler, der das gleiche vom Lehrer will, wird eher fragen: »Könnten Sie bitte das Fenster schließen?« Innersprachliche Beziehungen (Syntagma/Paradigma) und Sprecherintention reichen also nicht aus, um die endgültige und tatsächlich benutzte Äußerung hervorzubringen. Die Auswahl- und Verknüpfungsentscheidungen des Sprechers müssen in einem weiteren Schritt jeweils mit der konkreten Situation koordiniert werden. Ebenso sind viele Äußerungen erst aus einem bestimmten Kontext heraus verständlich oder gewinnen nur durch den Zusammenhang mit einer Situation ihre Bedeutung. Der berühmte Satz aus »Casablanca«: »Ich schau dir in die Augen, Kleines«, läßt sich schwerlich in einen anderen Bezugsrahmen übertragen, ohne sofort sinnlos und lächerlich zu werden.

Die Analogie zu architektonischen »Äußerungen« liegt auf der Hand: Auch ein Gebäude kann nicht unabhängig von seinen Entstehungsbedingungen, seinem Umfeld und seinem kontextuellen Zusammenhang betrachtet oder verstanden werden. Auf der einen

Trulli in Apulien, Süditalien

Quinlan Terry, Wohnhaus, England 1971

Seite grenzen diese Faktoren den prinzipiellen Lösungsraum des Architekten oft schon im Vorfeld erheblich ein: Wenn wenig Geld da ist, müssen einfache und preiswerte Materialien gewählt werden; wenn einige Materialien regional überhaupt nicht vorhanden sind, fallen ganze konstruktive Bereiche aus dem Repertoire heraus oder es müssen originelle Sonderlösungen entwickelt werden (wie z. B. aus Holzmangel die Dächer der Trullis); in einem Einfamilienhausgebiet sind Lösungen mit vielen Geschossen verboten, ebenso wie umgekehrt Flachbauten inmitten der Innenstadt. Eine Vielzahl von »Äußerungen« wird also von vornherein ausgeschlossen.

Andererseits beeinflußt der Situationskontext die Bedeutung eines Gebäudes in gleichem Ausmaß wie er die Bedeutung eines Satzes modifiziert. Ein funktionalistisches Verwaltungsgebäude hat in einer westeuropäischen Großstadt eine gänzlich andere Bedeutung als in einem Entwicklungsland; ebenso war der Royal Pavillion in Brighton schon bei seiner Erbauung eine Kuriosität. Eine neugotische Kirche in New York, die früher einmal mit ihrem Turm stolz die umgebende Bebauung überragte und damit ihre Bedeutung symbolisierte, schrumpft zwischen den Hochhäusern von heute zu einem nostalgischen Spielzeug. Und ein in den siebziger Jahren unseres Jahrhunderts erbautes Wohnhaus im Stil der Neo-Renaissance symbolisiert etwas ganz anderes als seine Vorgänger aus dem 16. Jahrhundert, ebenso wie wir heute sicherlich einen Renaissance-Palazzo mit anderen Augen sehen als die Zeitgenossen von damals.

Auf historische Entwicklungen, die die Bedeutung eines Gebäudes verändern oder seine Aussage unverständlich machen

Royal Pavillion, Brighton

Ein Gebäude kann nicht unabhängig von seinen Entstehungsbedingungen, seinem Umfeld und seinem kontextuellen Zusammenhang betrachtet oder verstanden werden, wie diese Beispiele zeigen. Andererseits beeinflußt der Situationskontext die Bedeutung eines Gebäudes.

können, hat der Architekt natürlich keinen Einfluß. Das kann aber nicht dazu führen, zeitlos und ohne Bezug zum Kontext zu bauen: Ohne Einbettung in das vorhandene Beziehungsnetz kann das Resultat nur sein, daß ein solches Gebäude schon zu Beginn seiner Existenz so unverständlich bleibt wie ein ohne Bezug zur konkreten Situation in die Debatte geworfener Satz, mag er auch – für sich genommen – noch so bedeutungsvoll sein.

Zusammenfassung

Einige bemerkenswerte Ergebnisse der vergleichenden Betrachtung von Sprache und Architektur lassen sich schon jetzt festhalten:
1. Das besondere Charakteristikum der Sprache besteht nicht darin, daß ihre Elemente Zeichen sind. Es besteht vielmehr in dem Aufbau einer komplexen, generativen Struktur, die sich gleichermaßen in Disziplinen nachweisen läßt, deren Elemente nicht von vornherein Zeichen sind.
2. Die Ableitung der Sprache als generatives System enthüllt das *kreative* Moment des Spracherzeugungsprozesses und rückt die Sprache damit automatisch in die Nähe anderer, kreativer Disziplinen. Die Fähigkeit, unbegrenzt neue Lösungen aus einem endlichen Repertoire von Elementen und Verbindungsregeln generieren zu können, ist der gemeinsame Nenner so unterschiedlicher Kulturphänomene wie Sprache, Musik, Malerei, Architektur, Mode etc.
3. Im Gegenzug beweist das Beispiel der Sprachforschung, daß der kreative Ursprung dieser Kulturphänomene kein Hindernis für eine systematische Beschreibung sein muß.
4. Für alle genannten Kulturphänomene gilt gleichermaßen, daß der Inhalt, die Essenz, die tatsächliche Bedeutung der jeweiligen Äußerung weder auf
– der Elementebene
– der innersprachlichen Ebene
– der Sprecherebene
– der Kontextebene entsteht,

Der Spracherzeugungsprozeß ist kein einmaliger Stanzvorgang, sondern die Bedeutung kristallisiert sich allmählich aus dem virtuellen Raum unzähliger Bedeutungsvarianten heraus.

sondern nur aus dem Zusammenspiel aller Ebenen. Der Spracherzeugungsprozeß ist kein einmaliger Stanzvorgang, sondern die konkrete, maßgebende Bedeutung kristallisiert sich immer erst allmählich aus dem virtuellen Raum unzähliger Bedeutungsvarianten heraus, indem die Einzelelemente in immer komplexere Beziehungen eingebunden werden.

Damit läßt sich schon jetzt sagen, daß zum Beispiel die im aktuellen Architekturgeschehen um sich greifende Praxis, schon fixierte Versatzstücke, Images, Metaphern oder Zeichen quasi von außen dem Gebäude zu applizieren und dies als Sprache der Architektur auszugeben, das genaue Gegenteil des Umgangs mit sprachlichen Strukturen bedeutet, nämlich den Rückfall in eine eindimensionale Zeichen- oder Bildersprache, das Steckenbleiben auf der Elementebene, ohne überhaupt zu den komplexeren Vorgängen des Spracherzeugungsprozesses vorzudringen.

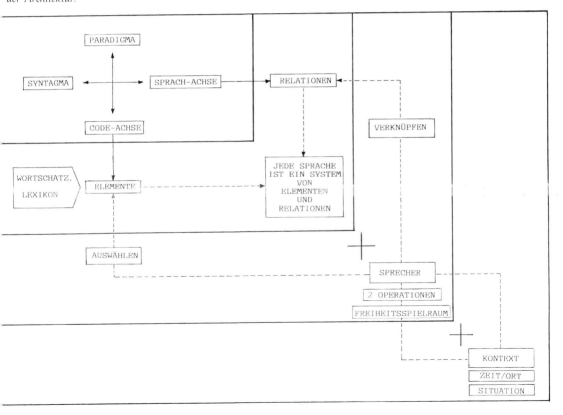

er Spracherzeugungsprozeß in der esprochenen Sprache und der Architektur.

III. SPRACHE II

Sprache – Sprachen

In den bisherigen Betrachtungen über das Zustandekommen einer sprachlichen oder architektonischen Äußerung wurden die Worte Sprache und Architektur jeweils als Abstrakta verwendet. Die gesprochene Sprache ermöglicht dies, obwohl für beide Wörter keine Entsprechungen in der Realität existieren. D*ie* Sprache gibt es nicht – es gibt nur Sprachen: Deutsch, Englisch, Chinesisch, Latein etc. Auch ein Kind erlernt nicht *die* Sprache, sondern es lernt seine Muttersprache, wächst in diese ebenso hinein, wie es in eine bestimmte, durch konkrete historische, politische und ökonomische Faktoren geprägte Gesellschaftsform hineinwächst – und nicht etwa in ein ideelles gesellschaftliches System. Daher geht das Erlernen der jeweiligen Sprache mit dem Erlernen der jeweils konkreten Lebensumwelt einher. Die Einzelsprache mit all ihren spezifischen Beziehungen, Wortfeldern, Assoziationsketten, Verknüpfungen fängt diese Umwelt ein und spiegelt sie gleichzeitig in der jeweils charakteristischen Form ihres sprachlichen Gewebes wider. Das erklärt zum Beispiel die Schwierigkeiten bei der Übersetzung von Gedichten oder bei der Einführung einer einheitlichen Weltsprache (Esperanto).

Jede Sprache ist für sich genommen vollständig, bildet die gesamte Welt ab, aber nur bezogen auf den ihr zugehörigen Kulturkreis. Geht dieser zugrunde, wie zum Beispiel das Römische Weltreich, stirbt auch die Sprache aus, oder aber sie muß – wie im kuriosen Fall der Vatikansprache – mühsam konserviert und durch ständig neue und künstliche Wortschöpfungen an die veränderten Umweltbedingungen angepaßt werden.

So wenig aber, wie ein Mensch *die* Sprache spricht, sowenig kann ein Architekt *die* Sprache der Architektur benutzen oder ein Wissenschaftler ein Buch über »Die Sprache der Architektur« schreiben. Es gibt sie nicht – es gibt nur B*austile*, sowohl in der historischen Abfolge, zum Beispiel Romanik, Gotik, Renaissance, Barock etc., wie auch in ihrem regionalen Nebeneinander: europäische Architektur, japanische Architektur, islamische Architektur etc. Wie die real existierenden gesprochenen Sprachen verfügen die Baustile über ein spezielles, herausgehobenes, von allen anderen Baustilen unterscheidbares Repertoire, ebenso wie sie jeweils eine eigenständige und unverwechselbare Grammatik hervorbringen (das schließt natürlich Überschneidungen und Parallelentwicklungen nicht aus).

Vor allem aber entwickeln die Baustile in ähnlicher Weise wie die Sprachen ihr jeweils eigenes, charakteristisches Netz innersprachlicher Beziehungen, das in unverwechselbaren Kombinationen von Material, Konstruktion und Form, in bestimmten, gleichbleibenden Lösungsmustern, Typen oder Typologien und in der Durchdringung aller Bereiche mit wiedererkennbaren formalen Grundstrukturen zum Ausdruck kommt. Und wie in den Einzelsprachen entsteht dieses dichte Netz innerarchitektonischer Beziehungen nicht im luftleeren Raum, sondern hat seine Wurzeln in den politischen, sozialen und ökonomischen Verhältnissen der jeweiligen Zeit, Region und Kultur: Der jeweilige Baustil ist einerseits Ergebnis, andererseits Ausdruck des jeweils erreichten kulturellen Entwicklungsstandes.

Diese fast unauflösbare Koppelung von bestimmten architektonischen Ausdrucksformen an bestimmte Kultur- und Gesellschaftsstufen macht es wiederum so schwer, in eklektizistischer Manier direkte Anleihen bei Fremdsprachen (anderen Baustilen) vorzunehmen: Ohne zusätzliche Maßnahmen bleibt das so verwendete Element tatsächlich ein Fremd-Körper, weckt ganz andere Assoziationen, ist weder formal noch konstruktiv, noch semantisch in das sprachliche Gewebe, das »System« der aktuellen Sprache integriert.

Langue – Parole

Andererseits sind weder Sprachen noch Baustile starre und unveränderliche Systeme. Denn der einzelnen »Sprache als System«, die de Saussure »La Langue« nannte, steht die Summe der konkreten Äußerungen mit all ihren spontanen und individuellen Besonderheiten, »Parole« genannt, gegenüber, und historisch gesehen ist das in Lexika und Grammatikbüchern fixierte System der jeweiligen »Langue« immer das Produkt von einzelnen »Parole«-Akten. Zwar sind auch diese wiederum nur möglich durch den Rückgriff auf das jeweils zugrunde liegende Sprachsystem, aber die ständige, konkrete Anwendung erzeugt eine Dynamisierung des Systems: Neue Wörter tauchen auf, während andere langsam aus dem Wortschatz verschwinden, neue grammatische Regeln bilden sich heraus, während andere Satzbildungen veralten.

Voraussetzung für das Funktionieren solcher Änderungs- und Assimilationsprozesse ist jedoch, daß die Neuerung jeweils in das vorhandene sprachliche Gewebe eingeordnet, mit den anderen Wörtern des Wortfeldes, zu dem es gehört, verknüpft wird und so schließlich seinen festen Platz im Repertoire erhält – im Gegensatz zu Modewörtern, die sehr schnell auftauchen und ebenso schnell wieder aus dem Sprachschatz verschwinden. Das Wort »Auto« ist zum Beispiel ein solches, vollständig assimiliertes Wort: Vor ungefähr 100 Jahren als Fremdkörper, als Neukonstruktion oder lateinische Übersetzung für »selbst-beweglich« (auto-mobile) eingeführt, hat es durch ständigen Gebrauch inzwischen seine prägnante sprachliche Eigenform (Auto) und seinen festen Platz im Wortschatz

Die sprachliche Entwicklung von d[er] Benzinkutsche zum Auto spiegelt gleich[-]zeitig den Entwicklungsprozeß des Auto[-]mobils selbst bzw. das Entstehen ein[er] eigenständigen Produktform wider.

der deutschen Sprache erobert (und damit alle anderen konkurrierenden Neuformulierungsversuche wie Kraftdroschke oder Benzinkutsche aus dem sprachlichen Feld geschlagen). Die sprachliche Entwicklung von der Benzinkutsche zum Auto spiegelt aber gleichzeitig den Entwicklungsprozeß des Automobils selbst beziehungsweise das langsame Entstehen einer eigenständigen Produktform wider: Von der offenen Kutsche mit Zusatzmotor bis hin zu den schnittigen Limousinen der 20er Jahre, die aber mit ihren mächtigen Kotflügeln immer noch die Verwandtschaft zur Kutsche erkennen ließen; dann nach dem Zweiten Weltkrieg die endgültige Emanzipa-

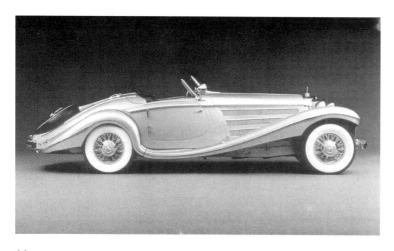

tion, der Sprung in eine eigenständige neue Ausdrucksform, wie sie heute in vielen Variationen das Straßenbild prägt.

Diesen Vorgang der langsamen Ergänzung und Veränderung der Langue, des allgemeinen Sprach- oder Formensystems, finden wir in gleicher Weise in der Architektur wieder, zum Beispiel bei dem langen Weg der Hochhausentwicklung von den ersten Bauten Sullivans, die noch ganz in der klassizistischen Tradition des 19. Jahrhunderts das tragende Stahlskelett mit Säulenschmuck und Stukkatur verkleideten, bis zu den kompromißlosen, entmaterialisierten Konstruktionen Mies van der Rohes. Wir finden ihn wieder bei der Herausbildung eines Bautyps, zum Beispiel der venezianischen Villa, der dann irgendwann als fester Bestandteil des Baustils zur Grundlage neuer Parole-Äußerungen (sprich: Entwürfe) wird,

Den Vorgang der langsamen Veränderung des allgemeinen Sprach- oder Formensystems finden wir auch in der Architektur wieder, zum Beispiel bei der Hochhausentwicklung.

Louis Sullivan, Bürogebäude in Chicago

Ludwig Mies van der Rohe, Glaswolkenkratzer 1922

obwohl er sich selbst erst langsam aus zahlreichen Versuchen und Anläufen entwickelt hat. Mit dem Verhältnis von Langue und Parole, von Baustil und Einzelentwurf, ist es also wie mit der Henne und dem Ei: Man kann nur schwer ohne Repertoire und Verknüpfungsregeln, also ohne ein wie auch immer geartetes Architektursystem entwerfen, aber andererseits ist dieses Architektursystem, der jeweilige Baustil, immer das Produkt einer ununterbrochenen Reihe konkreter Einzelentwürfe.

Andrea Palladio, Villa Foscari – La Malcontenta

Die Herausbildung eines Bautypus wird irgendwann als fester Bestandteil de Baustils zur Grundlage neuer Parole Äußerungen (sprich: Entwürfe).

Synchronie – Diachronie

Lenkt man den Blick von der ständigen, aktuellen Wechselwirkung zwischen Langue und Parole auf größere Zeiträume, so wird der übergeordnete Mechanismus des Sprachwandels und der Abfolge der Baustile sichtbar. Gleichzeitig wird klar, daß die Einteilung der Sprache zum Beispiel in Althochdeutsch, Mittelhochdeutsch, Neuhochdeutsch, oder die Einteilung von Baustilen in Renaissance, Barock, Rokoko usw. eine willkürliche Sezierung eines in Wirklichkeit ununterbrochenen Entwicklungsflusses darstellt. Nicht ohne Grund sind immer noch Legionen von Sprachwissenschaftlern und Kunsthistorikern mit der jeweils »richtigen« Zuordnung von Wörtern oder Bauwerken zu einer bestimmten Stilepoche beschäftigt. Dieser *diachronen* Betrachtungsweise, die ihren Höhepunkt für Sprachwissenschaft und Kunstgeschichte gleichermaßen Ende des 19. Jahrhunderts hatte, setzte De Saussure die *synchrone* Betrachtungsweise entgegen. Was damit gemeint ist, erläutert er am Beispiel des Schachspiels: Zwar erfolgen die einzelnen Spielzüge im zeitlichen Ablauf hintereinander (diachron), und eine Partie ist jeweils die Summe dieser Züge, andererseits aber läßt sich der jeweilige Spielstand als Zustand des Systems für jeden Zug vollständig beschreiben, ohne daß die Vorgeschichte oder die weitere Entwicklung bekannt sein muß. Das System einer Sprache muß demzufolge ebenso vollständig beschreibbar sein »unter Absehung von bereits durchlaufener und von potentiell noch zu durchlaufender Entwicklungen. Zugleich ist es aber nur verstehbar als ein Gewordenes, als Produkt einer Entwicklung«.[14]

So ergibt sich ein Achsenkreuz, in dessen Schnittpunkt sich jede Sprache befindet und dessen horizontale Achse den jeweils aktuellen Zustand des Systems beschreibt, während die vertikale Achse die historisch bedingten Veränderungen dieser Zustände kennzeichnet.

Anhand dieser aus der modernen Sprachwissenschaft gewonnenen Kategorien lassen sich jetzt einige Anmerkungen zur aktuellen Sprache der Architektur machen. Legt man etwa im Jahre 1980 einen Synchronie-Schnitt durch das Baugeschehen, so wäre es – trotz der Heterogenität und Unüberschaubarkeit der Architekturlandschaft – unsinnig zu behaupten, daß zu diesem Zeitpunkt keine Sprache der Architektur existierte: schließlich wurde überall gebaut, es wurden konstruktive, räumliche und funktionale Regeln beachtet, gewisse Bauformen waren durchaus als Verwaltungsgebäude, Warenhaus, Parkhaus, Villa, Einfamilienhaus zu identifizieren und die entstandenen Gebäude funktionierten auch mehr oder minder. Daneben wurde dieses Know-how in zahlreichen Baukonstruktions-, Raumlehre-, Gebäudekunde- und Städtebaulehrbüchern festgehalten und an den Universitäten den angehenden Architekten vermittelt. Es gab also durchaus ein System, eine Langue der Architektur.

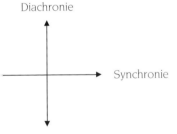

Die Sprache befindet sich im Schnittpunkt eines Achsenkreuzes: die horizontale Achse beschreibt den jeweils aktuellen Zustand des Systems, während die vertikale Achse die historisch bedingten Veränderungen dieser Zustände kennzeichnet.

) Pelz, H.: Linguistik ... S. 61.

Gleichzeitig aber war das verstärkte Auftreten eklektizistischer und historisierender Tendenzen zu diesem Zeitpunkt ein sicheres Indiz dafür, daß mit dieser Sprache vieles nicht stimmte (nicht nur, was das schlichte Funktionieren der Gebäude anging): daß in der Gesellschaft vorhandene Entwicklungen, Inhalte, Bedeutungen und Bedürfnisse mit den vorhandenen Mitteln nicht (mehr) adäquat ausgedrückt werden konnten; daß das Repertoire zu bruchstückhaft, zu reduziert, zu grob und zu undifferenziert war; daß große Lücken im sprachlichen Gewebe klafften, Zusammenhänge fehlten und Verknüpfungen nicht funktionierten; daß ein Architekturstudent zwar Vokabeln und Grammatik lernte, aber jeweils isoliert, ohne Zusammenhang, ohne ein integrierendes System von Beziehungen der Elemente untereinander, ohne den assoziativen Reichtum einer intakten, gewachsenen Struktur als Nährboden für den kreativen Umgang mit der Sprache.

Um nun jedoch den – in dieser Synchronie-Skizze extrem verkürzten – Zustand des Architektursystems erklären zu können, muß man auf die diachrone Betrachtungsweise zurückgreifen – und man muß relativ weit in die Geschichte zurückgehen.

Es wurde gesagt, daß ein funktionierender Baustil, bezogen auf den Entwicklungsstand der jeweiligen Gesellschaft oder Region, immer vollständig ist, das heißt der Architekt verfügte innerhalb dieses Baustils über genügend Ausdrucksmittel, um dem ganzen Spektrum der vorhandenen Bauaufgaben gerecht zu werden. Das Beispiel mittelalterlicher Städte, zum Beispiel Siena, wo innerhalb eines einheitlichen Baustils die Komplexität städtischer Strukturen in vollkommen befriedigender Weise ablesbar ist, beweist dies. Veränderten sich die gesellschaftlichen, politischen, technischen oder ökonomischen Rahmenbedingungen, tauchten neue Elemente und Strukturen auf, die Stück für Stück in das bestehende System integriert wurden. Solche Vorgänge lassen sich zum Beispiel anhand der Übergänge von der Renaissance zum Barock, vom Barock zum Rokoko, vom Rokoko zum Klassizismus beobachten. Mit dem Ende des Klassizismus aber hatte das Architektursystem so viele Änderungen und Verwandlungen durchgemacht, daß es an die Grenzen seiner Kapazität, seiner Erneuerungsmöglichkeiten gelangte. Vokabular und Typologien waren durch die Jahrhunderte hinweg ausgelaugt, zerschlissen, durchgescheuert und löchrig wie ein alter Gobelin. Gleichzeitig tauchten durch die Erstarkung des Bürgertums in schneller Abfolge immer neue Bauaufgaben auf, die den schon an seiner Kapazitätsgrenze stehenden Stil weiter ausdünnten, überdehnten und schließlich sprengten. Die klassischen Repräsentationsformen, die bis dahin den Schlössern und Palästen der Adligen vorbehalten waren, mußten in immer größerem Umfang für die neuen, bürgerlichen Repräsentationsbauten wie Oper, Parlament, Museum, Gericht, Universität herangezogen werden, so daß die gleichen Vokabeln auf einmal mehrere und schließlich sogar unüberschaubar viele Inhalte vertreten mußten: Es war innerhalb dieses Baustils und in der Kürze der Zeit nicht mehr möglich, für jede neue Bauaufgabe eine neue, eigenständige Ausdrucksform zu schaffen. Der aus dieser Not geborene Kunstgriff des Eklektizismus, die Erweiterung des Repertoires durch Fremdwörter, die Anleihe bei Vergangenheitssprachen, um die immer größer werdenden Bedeutungslücken im Netz der vorhandenen Sprache zu stopfen, war dann sozusagen die »ultima ratio« – auch wenn dies im nachhinein den Untergang eher beschleunigte als verzögerte. Denn die gelungene Assimilation von Fremdelementen erfordert einen intakten und funktionierenden Baustil, der dies durch immer neue Integrationsarbeit verkraften kann.

Insofern war die »tabula rasa«, die die 20er-Jahre-Architekten nicht nur postulierten, sondern auch praktizierten, der konsequentere Weg – auch wenn die Auswirkungen dieser Radikalkur bis heute nicht überwunden sind. Es soll hier nicht die Rede von den Problemen sein, die es zweifellos mit sich bringt, das gesamte Repertoire und die grammatischen Strukturen der vergangenen Baustile über Bord zu werfen und von einem Zustand der vollständigen »Sprachlosigkeit« aus neu zu beginnen. Ganz offensichtlich haben die Architekten der 20er Jahre bewiesen, daß ein solches Vorgehen nicht nur möglich ist, sondern sogar fast aus dem Stand heraus neue Meisterwerke der Baukunst hervorbringen kann. Es geht hier auch nicht um die zwangsläufig bei der Einführung eines neuen Repertoires auftretenden Verständigungs- und Kommunikationsschwierigkeiten, über die schon viel geschrieben wurde. Neue Vokabeln, zumal wenn man ständig mit ihnen konfrontiert ist, lernt man schnell. Hier geht es vielmehr um das, was die 20er Jahre nicht geleistet haben und auch nicht leisten konnten, nämlich zusätzlich zum Aufbau eines neuen Repertoires und neuer grammatischer Prinzipien eine neue *innersprachliche* Struktur zu erzeugen: Beziehungen zwischen den einzelnen neuen Elementen herzustellen, sie miteinander zu vernetzen, sie mit Wurzeln und Querverbindungen zu versehen, die als Grundlage neuer Wortfelder und Assoziationsketten dienen konnten. Die Lösungen blieben als Neuansätze notwendigerweise singulär, noch nicht miteinander koordiniert, aufeinander abgestimmt oder sich gegenseitig ergänzend; noch nicht gegeneinander abgegrenzt, aufeinander aufbauend oder sich wechselseitig organisierend – kurz: es war nicht möglich, gleichzeitig eine erstaunliche Vielzahl neuer Lösungen für die unterschiedlichsten Bereiche zu entwickeln und diese dann auch noch so miteinander zu koordinieren und zu vernetzen, daß ein zusammenhängendes, vollständiges und intaktes sprachliches Gewebe entstand. Dieser zweite Schritt war ohne Zweifel die Aufgabe der nachfolgenden Generationen. Aber dann kam der Zweite Weltkrieg, der die meisten Entwicklungslinien kappte, und anschließend eine atemlose Aufbauphase, die sich nicht die Zeit nahm (nehmen konnte), die Neuansätze der 20er Jahre zu ordnen und zu vertiefen. Statt dessen wurde quasi die Abkürzung genommen und in direktem Zugriff auf die neu entwikkelten modernen Formen eine Unzahl reduzierter und deformierter Abziehbilder des Neuen Bauens produziert. Anstatt die zahlreichen losen Maschen der 20er-Jahre-Neuansätze allmählich und Stück für Stück zu einem neuen sprachlichen Gewebe zu verknüpfen, wurde das Neue Bauen, das selbst schon wurzellos war, noch einmal seiner Inhalte und Zusammenhänge beraubt und damit alle Ansätze zur Entwicklung eines neuen, tragfähigen Baustils im Keim erstickt – oder unter der geballten Masse der funktionalistischen Container-Architektur begraben.

Das führte dann in den 60er und 70er Jahren zu einer Ablehnung des Modernen Bauens insgesamt und bald darauf zu einem erneuten und massenhaften Rückgriff auf historisierende und eklektizistische Formen – ohne daß sich inzwischen die Chancen für einen solchen Rückgriff auf ehemals funktionierende Alt-Sprachen verändert oder gebessert hätten und ohne daß die mühsame Verkittung moderner Fragmente mit historischen Stil-Splittern tatsächlich eine tragfähige Perspektive eröffnen würde.

Unabhängig davon, wie eine solche Perspektive aussehen könnte oder müßte, macht diese – wiederum extrem verkürzte – diachrone Skizze deutlich, daß man sich die Wechselwirkung zwischen Langue und Parole, Synchronie und Diachronie nicht als harmonischen Ablauf vorstellen darf, sondern dieser Prozeß – wie die Geschichte insgesamt – ist durch ständige Brüche, Sprünge und Verwerfungen gekennzeichnet. Auch der Übergang von der Gotik zur Renaissance war ein über Jahrhunderte andauernder, von Vor- und Rücksprüngen und tiefgreifenden stilistischen Unsicherheiten begleiteter Prozeß, der seine Wurzeln in dem komplizierten Übergang vom Mittelalter zur Neuzeit hatte. Da wir uns heute in einer ähnlich komplizierten gesellschaftlichen Übergangsphase befinden, wäre es geradezu absurd zu erwarten, daß in nur 60 Jahren ein neuer, funktionierender Baustil aus dem Boden gestampft würde.

Syntax, Semantik, Pragmatik

Nach der nunmehr in zwei Stufen erfolgten Gegenüberstellung von Architektur und Sprache kann nicht länger ein Zweifel daran bestehen, daß zwischen beiden Systemen weitgehende Strukturähnlichkeiten bestehen und daß es prinzipiell möglich ist, die Analysemethoden der Linguistik auf die Architektur anzuwenden: Nicht weil Bauen das gleiche ist wie Sprechen, sondern weil ähnliche Strukturen mit ähnlichen wissenschaftlichen Methoden analysiert und dargestellt werden können.

Dazu ist es notwendig, erneut die Ebene der Betrachtung zu wechseln und sozusagen in einer dritten Annäherung an das Thema

»Architektur und Sprache« (Sprache III) auf die konkreten sprachlichen Funktionsmechanismen einzugehen. Allerdings sind die einzelnen Facetten einer solchen *strukturalistischen Sprachbeschreibung* für sich genommen schon so umfangreich, daß eine zusammenfassende Abhandlung nicht mehr möglich ist und diese Bereiche jeweils ein ganzes Kapitel für sich allein beanspruchen.

Ein gemeinsamer Ansatzpunkt liegt jedoch allen drei Bereichen zugrunde: immer geht es darum, BEZIEHUNGEN aufzudecken. Die Syntax- oder Grammatiktheorie beschreibt die Summe der möglichen Beziehungen, die aus isolierten Einzelelementen komplexe, zusammenhängende Strukturen erzeugen; die Semantik oder Bedeutungslehre analysiert, wie sich durch Veränderung dieser Beziehungen jeweils auch die Bedeutungen der Einzelelemente und der Gesamtaussage verändern; und die Pragmatik untersucht das komplexe Beziehungsnetz, in das jede konkrete sprachliche oder architektonische Äußerung jeweils eingebunden ist und durch das sie überhaupt erst ihre praktische Bedeutung und Relevanz erhält.

IV: SYNTAX, oder: DIE BAUPLÄNE

Grammatik ist – nicht ganz zu unrecht – eine weithin ungeliebte Disziplin: man beschäftigt sich lieber mit den fertigen Lösungen, seien es Sätze oder Gebäude, als mit den abstrakten Regeln, aus deren Anwendung diese hervorgegangen sind.

Andererseits kommt man zumindest dann nicht um eine Beschäftigung mit grammatischen oder syntaktischen Fragen herum, wenn man selbst solche Endprodukte herstellen will. Denn die Syntax liefert die Baupläne, ist die Lehre von den Verknüpfungsformen und Kombinationsregeln der Elemente, befaßt sich, kurz gesagt, mit allem, was an Regeln und Gesetzmäßigkeiten vorhanden sein muß, um aus einzelnen Wörtern sinnvolle Sätze oder – analog dazu – aus einzelnen Bauelementen funktionierende Bauteile oder Gebäude zu machen.

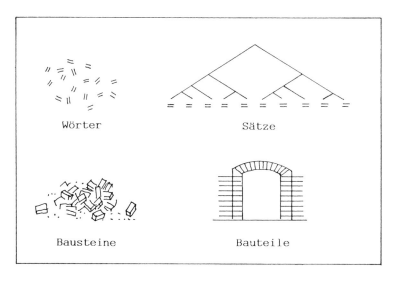

Die Syntax liefert die Baupläne, m denen aus einzelnen Wörtern sinnvol Sätze oder aus einzelnen Bauelemente funktionierende Bauteile oder Gebäua gemacht werden.

Dabei lassen sich zwei Fragenkomplexe unterscheiden:
1. Was wird verbunden, kombiniert?
2. Wie wird es verbunden oder kombiniert?
Fragen also einerseits nach den Elementen, andererseits nach den Relationen.

Die Elemente

Ein Beispiel für eine verblüffend einfache Syntax liefert unser Zahlensystem: Läßt man die Null außer acht, kann jede Ziffer mit jeder oder mit allen anderen in beliebiger Reihenfolge zusammengestellt werden – und ergibt doch stets ein sinnvolles Ergebnis. Voraussetzung für diese Einfachheit ist unter anderem die Tatsache, daß die einzelnen Elemente sowohl unveränderlich als auch gegeneinander austauschbar sind. Beides ist aber weder in der Sprache, noch in der Architektur der Fall:

1. Das einzelne Wort bleibt durchaus nicht unverändert, wenn es in einen syntaktischen Kontext einbezogen wird, sondern es kann auseinandergerissen, verkürzt, ergänzt, deformiert und neu zusammengesetzt werden, nur um gewissen syntaktischen Regeln gerecht zu werden (das Huhn, die Hühner; ausbrechen, er brach aus, ausgebrochen etc.). Und genauso werden auch die Bauelemente in den meisten Fällen nicht einfach aneinander angelagert, sondern in vielfältigen Stufen der Bearbeitung und Transformation an ihre jeweiligen Lagebedingungen angepaßt: Mauersteine werden behauen, Holzbalken zurechtgesägt, Rigipsplatten beschnitten etc., es sei denn, der Baumarkt bietet von vornherein ein ausreichend großes Sortiment unterschiedlicher Formen und Abmessungen für die verschiedenen syntaktischen (Kombinations-)Bedingungen an.

2. Eine Alternative hierzu – und häufig gerade auch in der Bauindustrie eingesetzt – ist die Verwendung von »Paßstücken«.

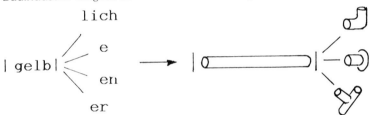

Die Verwendung von Paßstücken als syntaktische Maßnahme.

3. Vor allem aber gehören die Wörter selbst sehr unterschiedlichen Klassen an, repräsentieren ganz unterschiedliche Aspekte der Realität: Unsere Welt beispielsweise besteht keineswegs nur aus einer riesigen Anhäufung von Gegenständen (Substantiven), sondern diese Gegenstände, Individuen und Dinge besitzen auch unterschiedliche Eigenschaften (Adjektive, Adverben) und greifen, sofern belebt, durch Handlungen (Verben) in den Ablauf der Dinge ein. Wort ist also nicht gleich Wort, Element nicht gleich Element – und dies gilt in besonderem Maße auch für die Architektur. Zwar läßt sich der Aufbau eines Gebäudes zunächst einmal als stufenförmige Kombination von *konstruktiven* Elementen beschreiben: Unterschiedliche Materialien werden zu Bauteilen zusammengefügt, und diese ergeben durch Kombination wiederum den konstruktiven Gesamtaufbau des Gebäudes. Aber mit der Zusammenfügung von konstruktiven Elementen ist der strukturelle Gesamtaufbau eines Gebäudes keineswegs schon vollständig erfaßt.

Ebenso gut läßt sich ein Gebäude als aufeinanderfolgende Kombination von *funktionalen* Elementen beschreiben. Bei einem Wohnhaus beispielsweise werden die Funktionen Waschen, Baden, Aus-

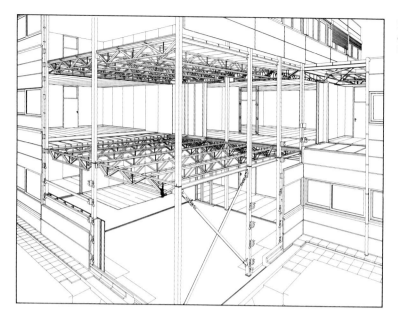

Ein Gebäude läßt sich als eine aufeinanderfolgende Kombination von konstruktiven Elementen beschreiben.

treten, Körperpflege etc. zu einer Funktionseinheit »Sanitärbereich« zusammengefaßt, diese wiederum mit anderen Funktionseinheiten (Kochen, Schlafen, Sich-ausruhen etc.) zu einem übergeordneten Bereich Wohnung verknüpft, und schließlich die einzelnen Wohneinheiten zu einem funktionalen Gesamtkomplex (Wohngebäude) zusammengefügt. Eine solche funktionale Syntax läßt sich vollkommen unabhängig von konstruktiven Überlegungen für alle Bauaufgaben definieren.

Ebenso läßt sich ein Gebäude aber auch als Kombination von funktionalen Elementen definieren.

auch in völliger Unkenntnis seiner
Funktionen kann ein Gebäude als stufenförmige Kombination von Räumen
und raumbildenden Elementen beschrieben werden.

Frank O. Gehry, Vitra-Stuhl-Museum,
Weil am Rhein 1989.

Fassade als Kombination formaler Elemente

San Miniato al Monte, Florenz

Darüber hinaus kann aber ein Gebäudeganzes auch in völliger Unkenntnis seiner Funktionen und unter Absehung von seinem konstruktiven Aufbau als stufenförmige Kombination von Räumen und *raumbildenden* Elementen beschrieben werden: einzelne Räume werden verknüpft oder durchdringen sich, bilden Gruppen oder größere, zusammenhängende Einheiten. Zusätzlich können durch die Kombination von so erzeugten Einheiten neue Räume entstehen (z. B. Straßen oder Plätze), die wiederum in der Summe das komplexe räumliche Gewebe der Stadt bilden.

Aber auch damit ist schließlich noch nichts über den *formalen* Aufbau eines Gebäudes oder Gebäudekomplexes ausgesagt, dessen Gesamtform sich wiederum als Ergebnis einer stufenförmigen Kombination von einzelnen Formelementen, Formen, Formenkomplexen und Figuren darstellen läßt.

In der Architektur können und müssen also – im Gegensatz zur Sprache – vier unterschiedliche Verknüpfungssysteme, Syntaxen oder syntaktische Dimensionen unterschieden werden, die jeweils ihre eigene innere Logik und Gesetzmäßigkeit besitzen. Der Ausdruck »syntaktische Dimension« macht allerdings deutlich, daß sich die Verknüpfungssysteme zwar getrennt voneinander beschreiben lassen (so, wie man die drei Dimensionen des Raumes einzeln ausmessen kann), daß sie aber, nachdem der Architekt seine Auswahl- und Verknüpfungsentscheidungen getroffen hat, immer gemeinsam in Erscheinung treten. Am Ende und als Ergebnis der entwurflichen Arbeit hat jedes Gebäude oder auch jeder Gebäudeteil immer gleichzeitig eine räumliche Ausdehnung, eine bestimmte Funktion, einen konstruktiv bedingten Aufbau und eine definierte Form, sind alle Dimensionen unlösbar miteinander verknüpft.

Die Relationen

Eines haben das schon genannte Zahlensystem und das Sprachsystem gemeinsam: beide sind sukzessiv oder linear aufgebaut, die einzelnen Elemente können nur aufeinanderfolgend angeordnet werden, auch wenn sich hinter dieser Linearität dann komplexere Strukturen verbergen.

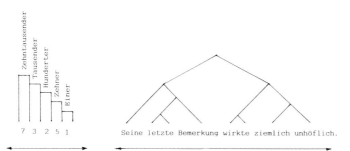

Sowohl das Zahlensystem wie das Sprachsystem ist sukzessiv oder linear aufgebaut.

Im Gegensatz dazu ist ein besonderes Charakteristikum der architektonischen Syntax, daß deren Verknüpfungsformen räumliche Beziehungen repräsentieren: Die einzelnen Elemente können aneinander, aufeinander, hintereinander, ineinander, übereinander, untereinander, voreinander, zwischeneinander angeordnet werden. Zu einer Aufzählung solcher grundlegenden Möglichkeiten räumlicher Zuordnung kann man auf ganz unterschiedlichen Wegen gelangen. Man kann, wie hier geschehen, die Präpositionen der gesprochenen Sprache heranziehen, man kann aber auch, wie es der Schweizer Kinderpsychologe J. Piaget getan hat, durch die Untersuchung der Raumvorstellungen von Kindern Einsicht in die prinzipiell möglichen räumlichen Relationen gewinnen. Bei seinen Untersuchungen stellte Piaget fest: »Vor jeglicher projektiven oder sogar euklidischen Organisation des Raumes konstruiert und benutzt das Kind zuerst gewisse elementare Beziehungen – wie »benachbart und getrennt«, »Reihenfolge«, »Umgebung«, »Kontinuum« – alles Begriffe, die denen entsprechen, die die Geometer »topologisch« nennen und die sie unter dem Blickwinkel der theoretischen Rekonstruktion des Raumes als elementar betrachten.«[15]

Das Stichwort der topologischen Relationen verweist schließlich auf einen dritten Ansatzpunkt: die »topologische Struktur« als eine der drei mathematischen Grundstrukturen. Die topologische Struktur beschäftigt sich mit »Begriffen wie Umgebung, offener und abgeschlossener Menge, Berührungspunkt«[16] und definiert damit einen besonderen Raum, den topologischen Raum. Dieser Raum ist dadurch gekennzeichnet, daß sich seine Eigenschaften »ohne Benutzung der Metrik formulieren lassen«[17], daß ihm »starre Formen, Entfernungen, Geraden, Winkel usw. ebenso wie projektive Relationen und jegliches Maß fremd sind«.[18]

[15] Piaget, J./Inhelder, B.: Die Entwicklung des räumlichen Denkens beim Kinde, Klett-Verlag, Stuttgart 1975 S. 19.
[16] Reinhardt, F./Soeder, H.: dtv-Atlas zur Mathematik, München 1974, S. 207.
[17] a. a. O., S. 215.
[18] Piaget, J./Inhelder, B.: Die Entwicklung ... S. 28.

Aus allen drei Ansätzen geht hervor, daß vor, neben oder auch unterhalb der Ebene der euklidischen Geometrie ein System elementarer räumlicher Relationen existiert, das die Grundlage sowohl der räumlichen Wahrnehmung wie auch der von Menschen geschaffenen Organisationsformen bildet. Von daher muß dieses System räumlicher Beziehungen auch der Architektur – die sich im weitesten Sinne mit der Definition von Räumen beschäftigt – zugrunde liegen.

Christian Norberg-Schulz, der sich weitgehend auf Piaget beruft, zählt in seinem Kapitel über Relationen (in: Logik der Baukunst) folgende topologische Relationen auf: Nähe, Geschlossenheit, Durchdringung, Verschmelzung, Sukzession (Aufeinanderfolge) und Kontinuität.[19] Diese Relationen bilden mit leichten Abweichungen in den nachfolgenden Kapiteln das Repertoire der grundlegenden Verknüpfungsformen.

Die räumliche Syntax

Der syntaktische Aspekt ist der Aspekt der Kombinierbarkeit, räumliche Syntax behandelt die Verknüpfungsregeln zwischen raumbildenden Elementen.

Ein Blick aus dem Fenster zeigt, daß diese raumbildenden Elemente Körper sind: zum Beispiel Häuser, Bäume, Zäune – oft ein sehr komplexes Konglomerat von Formen und Volumina, das einen in gleicher Weise komplexen Raum erzeugt. Aber auch von Innenräumen, die uns in der Regel als Organisation von Oberflächen gegenübertreten, wissen wir, daß diese Oberflächen Bestandteile von Körpern sind, sei ihre Materialstärke auch, relativ zu ihren anderen Dimensionen gesehen, sehr gering. Körper verdrängen Raum und umhüllen Raum; man kann keinen Innenraum erzeugen, ohne gleichzeitig Körper zu erzeugen. (Selbst die Haut einer Seifenblase besitzt auf der Molekularebene räumliche Dimension). Aber: man kann Körper erzeugen, ohne Innenräume zu erzeugen! Insofern ist der Innenraum als »Raum im Raum« schon ein Spezialfall, der eine besondere Ausformung und Anordnung der Körper voraussetzt, ist also schon das Resultat bestimmter Entwicklungsschritte im Rahmen einer räumlichen Syntax. (Es muß noch hinzugefügt werden, daß allen Erörterungen in diesem Kapitel der wahrnehmungspsychologische Raum zugrunde liegt, im Gegensatz zum mathematischen Raum, der teilweise anders definiert wird.)

Nähe, Gruppierung

Ein Massivkörper allein kann keinen Raum bilden, er kann allerdings einen Raum zentrieren. Ob zwei Körper für unsere Wahrnehmung einen Raum bilden, hängt nun sehr stark von der Anordnungsrelation der »Nähe« ab.

[9] Norberg-Schulz, Chr.: Logik . . . S. 141 ff.

Sind die Körper, bezogen auf ihre eigenen Abmessungen, sehr weit voneinander entfernt, werden sie als isoliert voneinander wahrgenommen und der Raum zwischen ihnen als leer. Je weiter sie aneinander rücken, desto stärkere Beziehungen entwickeln sich zwischen ihnen und parallel dazu entsteht ein »Zwischenraum«, der

Weit auseinanderliegende Körper werden als isoliert voneinander wahrgenommen, rücken sie näher aneinander, entsteht eine Beziehung zwischen ihnen.

diese Beziehungen aufnimmt (durch sie definiert wird). »Der Raum wird als eine Beziehung zwischen Objekten geschaffen.«[20] Arnheim spricht in diesem Zusammenhang von »Dichte«: »Wenn man kleine Modelle von Häusern herstellt und sie hin- und herbewegt, mal näher zusammen, mal weiter entfernt, stellt man fest, daß der Zwischenraum loser und dünner aussieht, wenn sich der Abstand zwischen den Häusern vergrößert. Umgekehrt wird der Zwischenraum dichter, wenn sich der Abstand verringert. Für den Betrachter kommt es in dem Zwischenraum zu einer wahrnehmbaren Drucksteigerung und Druckminderung.«[21]

Das gleiche Phänomen läßt sich beobachten, wenn man mehr als zwei Körper in die Betrachtung einbezieht.

Aus einer unstrukturierten Verteilung von Körpern lassen sich Gruppen erzeugen.

Durch die Anordnungsrelation der Nähe lassen sich aus einer unstrukturierten Verteilung von Körpern Gruppen erzeugen, die, je stärker sie aneinanderrücken, um so deutlicher bestimmte Räume oder Felder besetzen. Parallel dazu kommt es innerhalb dieser Gruppen zu einer Verdichtung des Raumes. Gruppenbildung erzeugt gleichzeitig die Möglichkeit der Isolierung, der Heraushebung eines einzelnen Körpers. Insgesamt kann so die gleichmäßige Verteilung von Elementen durch Anwendung der Nähe-Relation in Zustände höherer Ordnung versetzt beziehungsweise eine räumliche Situation stärker akzentuiert werden.

Richtung
Bringt man mehrere Körper in eine Reihenfolge, organisiert sie also in bezug auf einen Betrachter entweder nebeneinander, hintereinander oder übereinander, so tritt zu der Nähe-Relation die Relation der Richtung als räumliche Beziehung zwischen den Elementen, das heißt raumbildende Elemente können so organisiert werden, daß sie in ihrer Gesamtheit in eine bestimmte Richtung weisen.

[20] Arnheim, R.: Die Dynamik der architektonischen Form, Köln, DuMont 1980. S. 25.
[21] a. a. O., S. 26.

Gleichzeitig erhalten auch die Zwischenräume eine Richtung, allerdings in bestimmten Fällen um 90° verdreht, wie es die Erweiterung einer Folge von Körpern zum Bild einer Brücke verdeutlicht.

auch die Zwischenräume erhalten eine Richtung.

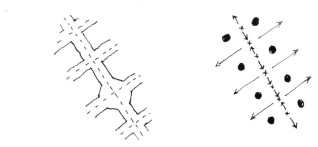

Wird eine solche Reihung verdoppelt, treten die charakteristischen Raumrichtungswechsel ein, wie man sie beim Durchschreiten eines Säulenganges, beim Durchfahren einer Allee oder Überqueren einer Straßenkreuzung erlebt.

bei Verdoppelung einer Reihung treten Raumrichtungswechsel ein.

Innen – Außen
Eine Menge von Körpern kann weiterhin so strukturiert werden, daß diese nicht hinter-, neben- oder übereinander liegen, sondern die Eckpunkte einer Grundfläche markieren.

Körper können auch so strukturiert werden, daß sie die Eckpunkte einer Grundfläche bilden.

Zusammen mit ihrer eigenen Höhe erzeugen sie damit einen neuen eigenständigen Raum, der aus dem räumlichen Kontinuum ausgegrenzt wird.

Zusammen mit der Höhe entsteht ein eigenständiger Raum.

Insgesamt lassen sich damit inzwischen drei Raumqualitäten unterscheiden:
a) räumliches Kontinuum
b) Raum
c) Zwischenraum.
Die Zwischenräume sind dabei keineswegs nur Abfallprodukte, die sich notwendig aus der Breitendimension der Körper ergeben. Ganz augenfällig versagt nämlich dieser raumerzeugende Mechanismus sofort, wenn der Abstand zwischen zwei Körpern nicht mehr als Zwischenraum empfunden wird, sondern als leer.

Trotz der dreieckigen Grundfläche erzeugt die Nähe-Relation hier eine lockere Reihung.

Die Fußpunkte der drei Körper A, B und C im Schaubild spannen eine dreieckige Grundfläche auf, aber eine Person, die sich an der mit einem Kreuz markierten Stelle befindet, hat keineswegs das Gefühl, sich in einem Raum zu befinden. Die Nähe-Relation läuft von C über B nach A und erzeugt eine lockere Reihung, während dadurch gleichzeitig eine direkte Beziehung zwischen A und C – und damit auch das Entstehen eines Zwischenraumes – verhindert wird. Gleiches gilt für Räume mit mehr Eckpunkten.

Sind schließlich viele Körper im Spiel, wie im Schaubild unten, so werden diese ebenfalls nicht automatisch als Eckpunkte eines geschlossenen Raumes wahrgenommen, sondern als Gruppe mit Zwischenräumen, da immer die kürzeste Entfernung zwischen den Körpern dominiert. Zur Erzielung einer Raumwirkung müssen die

Viele Körper werden nicht automatisch als Eckpunkte eines Raumes wahrgenommen, sondern als Gruppe mit Zwischenräumen.

Elemente vielmehr so angeordnet sein, daß die Kombination der jeweils kürzesten Abstände beziehungsweise kleinsten Zwischenräume zur Entstehung einer geschlossenen Umrißform führt.

ur wenn die Kombination der kürze-
n Abstände zur Entstehung einer ge-
lossenen Umrißform führt, entsteht
e Raumwirkung.

Panthenon, Athen

Anlagerung, Durchdringung, Verschmelzung

Die Elimination des Zwischenraums

Durch die Nähe-Relation wird zwischen zwei Körpern eine Beziehung, eine Spannung erzeugt, die den Raum zwischen den Körpern ausfüllt, den Zwischenraum schafft. Je näher die Körper aneinanderrücken, desto stärker wird die Spannung, desto dichter der Zwischenraum – bis durch Berührung oder Anlagerung der Körper das Spannungsfeld zusammenbricht, der Zwischenraum eliminiert wird. Gleichzeitig entsteht ein größerer Gesamtkörper, der das räumliche Kontinuum in stärkerer Weise beeinflußt als beide Körper für sich genommen.

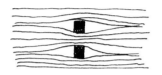 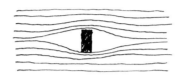

Ein größerer Gesamtkörper beeinflu[ßt] das räumliche Kontinuum stärker [als] zwei einzelne Körper.

Erweitert man diesen Vorgang auf eine Reihung von Elementen, findet eine Teilung des räumlichen Kontinuums statt.

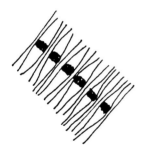 

Bei einer Erweiterung auf eine Reihu[ng] von Elementen findet eine Teilung d[es] räumlichen Kontinuums statt.

Und schließlich erfolgt bei Anwendung auf eine Körperstruktur mit Innen-Außen-Relation der Ausschluß des räumlichen Kontinuums aus einem gewissen Bereich.

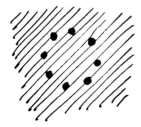 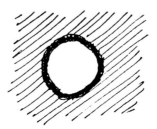

Eine Körperstruktur mit Innen-Auße[n-]Relation schließt das räumliche Kont[i]nuum aus einem gewissen Bereich aus.

Die Entstehung des Hohlkörpers

Wird dieser Vorgang des Ausschließens auf alle drei Dimensionen ausgedehnt, so entsteht ein völlig neues typologisches Element: der Hohlkörper. Er vereinigt die Dualität von Körper und Raum in einem Element.

Die Körper, von denen hier bisher ausgegangen wurde, die Elementarkörper sozusagen, sind allseitig von Raum umschlossene Massen. Nur so erhalten sie den Charakter eigenständiger Elemente. Läßt sich eine Trennung nicht durchführen, werden sie zu Anhängseln oder Ausbuchtungen eines größeren Körpers.

Analog dazu läßt sich ein Hohlraum als allseitig von Masse umschlossener Raum definieren.

Masse-/Raumkontinuum (links); Einbuchtung/Ausbuchtung (Mitte); Körper/Hohlraum (rechts).

Der Hohlkörper vereinigt nun beide Kriterien in einem Element: Er beinhaltet einen allseitig von Masse umschlossenen Raum (Hohlraum), ist aber selbst gleichzeitig allseits von Raum umgeben (Körper).

Damit ist der Hohlkörper im Vergleich zum Massivkörper ein Element höherer Ordnung.

Durchdringung, Verschmelzung

Nachdem der Hohlkörper als neues Element eingeführt ist, lassen sich die Vorgänge der Durchdringung und Verschmelzung von Massivkörpern und Hohlkörpern parallel behandeln.

Durchdringung und Verschmelzung von Massiv- und Hohlkörpern.

Dabei sind die Übergänge zwischen Durchdringung, Verschmelzung und Anlagerung fließend, beziehungsweise gleiche Phänomene können unterschiedlich ausgelegt werden. Die Durchdringungsfiguren in der Abbildung lassen sich auch als Anlagerungsfigu-

Die Übergänge zwischen Durchdringung, Verschmelzung und Anlagerung sind fließend.

ren interpretieren, ebenso wie sich das stufenförmige Verschwinden eines Pfeilers in einer Wand als Vorgang der Verschmelzung, der Durchdringung oder der Anlagerung auffassen läßt.

Figur – Grund

Körperform und Innenraum stehen in einem Verhältnis gegenseitiger Abhängigkeit: Die Addition von Körpern (Ausweitung) führt zu einer Subtraktion (Verengung) des Raumes und umgekehrt.

Die Ausweitung eines Körpers führt z Verengung des Raums und umgekehr

Die Negativform, die eventuell bei der Durchdringung von Hohlräumen übrigbleibt, kann gleichzeitig die Positivform eines Tragkörpers ergeben, ebenso wie eine Restfläche zwischen Körpern wiederum zu einem eigenständigen Raum umgeformt werden kann.

Aus der Negativform bei der Durchdri gung von Hohlkörpern kann die Positi form eines Tragkörpers entstehen.

Insgesamt lassen sich damit durch Anlagerung, Durchdringung und Verschmelzung von Hohlräumen und Körpern solche Meisterwerke der Raumkunst erzeugen wie zum Beispiel Bramantes Grundrißentwurf für St. Peter.

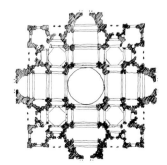

Anlagerung, Durchdringung und Ve schmelzung von Hohlräumen und Kö pern.

Raumform – Körperform

Die Anlagerung und Durchdringung von Hohlräumen, also die innere Organisation eines komplexen Raumgefüges kann außen als gleichermaßen komplexe Organisation von Körpern in Erscheinung treten – aber sie muß es nicht. Es gehört zu den Aufgaben des Architekten, innere Raumform und äußere Körperform zu koordinieren, gerade weil – anders als bei der Drucklufthalle – keine determinierte Verbindung besteht. Zudem existieren oft unterschiedliche räumliche Anforderungen an den Außen- und den Innenbereich.

entität von Raumform und Körperform nks); Eigenständigkeit von Raumform d Körperform (rechts).

Werden mehrere eigenständige Innenräume durch Anlagerung zu einem größeren Komplex kombiniert, erfolgt zwangsläufig eine Ablösung der Gesamtkörperform von den Einzelformen der Innenräume.

 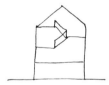

ie Kombination mehrerer Innenräume rch Anlagerung zu einem größeren omplex führt zu einer Ablösung der esamtkörperform von den Einzelformen der Innenräume.

Wechselspiel

Der Durchgang durch die einzelnen Maßstabsebenen erscheint im Lichte dieser Betrachtungsweise als ständiges Wechselspiel zwischen der Kombination von Körpern und der Kombination von Räumen: Aus massiven Elementarkörpern wird durch Zusammenfügung ein Innenraum erzeugt; aus den einzelnen Innenräumen entsteht durch Kombination ein neuer Gesamtkörper (Gebäude); aus den einzelnen Gesamtkörpern wird durch Anlagerung wiederum ein neuer Gesamtraum erzeugt (Straße oder Platz).

Kontinuität – Diskontinuität

Definiert man Kontinuität als: ununterbrochen, nicht abreißend, dann lassen sich Raumkontinua und Körperkontinua unterscheiden.

iskrete (voneinander getrennte) Körper Raum-Kontinuum (links); iskrete Räume = Körperkontinuum echts).

Vom Ansatz her ist der Normalfall in der Architektur die Herstellung von Körperkontinua: schließlich besteht ihre Aufgabe im wesentlichen darin, zum Schutz vor Witterung (und Feinden) Räume aus dem Außenraum auszugrenzen. Andererseits entsteht aus der Notwendigkeit, Zugangsmöglichkeiten zu den einzelnen Räumen zu schaffen sowie diese zu belichten und zu belüften, der Zwang, die Körper an bestimmten Stellen aufzutrennen, Öffnungen im Körperkontinuum herzustellen, so daß auf diesem Wege gleichzeitig ein Raumkontinuum entsteht.

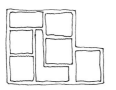 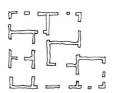

Durch die Öffnungen im Körperkon nuum entsteht gleichzeitig ein Raum kontinuum.

Den Öffnungen kommt damit situationsdefinierende Bedeutung zu! Nicht zufällig ähneln sich die Symbole für einen elektrischen Schalter und eine Türöffnung.

Die ähnlichen Symbole für einen elektr schen Schalter und eine Türöffnung.

Der geschlossene Stromkreis ist in gleicher Weise ein materielles Kontinuum wie der Körper, der einen geschlossenen Raum umgibt. Wird der Stromkreis unterbrochen, erlischt das Kontinuum.

Die Syntax des fließenden Raumes

Aus diesen Grundüberlegungen lassen sich sehr unterschiedliche, zu verschiedenen Zeiten und an unterschiedlichen Orten in der Baugeschichte auftretende räumliche Strukturen oder Raumauffassungen ableiten; die Geschlossenheit eines indianischen Pueblos oder einer orientalischen Altstadt ebenso wie die Offenheit römischer Foren oder die besondere Struktur des »fließenden Raumes«, die hier kurz skizziert werden soll.

Eine normale Öffnung, zum Beispiel ein Fenster in einer Wand, ruft keine Unterbrechung des Körperkontinuums hervor, weil eine Verbindung über den Sturz und die Brüstung fortbesteht. Eine bis auf den Fußboden reichende Türöffnung trennt zwar das Kontinuum an dieser Stelle, trotzdem sorgt die Wandverbindung im Sturzbereich immer noch für eine starke raumabschließende Wirkung. Erst die vollständige Auftrennung der Wand erzeugt eine Verbindung der Räume und damit gleichzeitig eine entsprechende räumliche Kontinuitätswirkung.

ine Fenster- oder Türöffnung ruft keine nterbrechung des Körperkontinuums rvor; erst die vollständige Auftrenung der Wand erzeugt eine Verbindung er Räume.

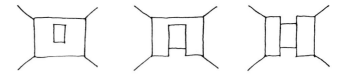

Interessanterweise läßt sich diese Wirkung noch steigern, wenn man die Trennung nicht in der Wandmitte, sondern in den Eckbereichen vornimmt: Die Wirkung der Geschlossenheit, des Körperkontinuums wird durch die Zerlegung in einzelne diskrete Scheiben in sehr viel stärkerem Maß aufgehoben.

ie räumliche Kontinuitätswirkung läßt ch noch steigern, wenn man die Trenung nicht in der Wandmitte, *sondern in en Eckbereichen vornimmt.*

»Die Abgeschlossenheit hängt von einer gleichartigen Behandlung der Wände ab, die sich auch an den Ecken verbinden müssen, um eine ununterbrochene, umfassende Grenze zu bilden. Deshalb schaffen Öffnungen an den Ecken mehr Raum als »Löcher« mitten in der Wand, besonders, wenn sie vom Boden bis zur Raumdecke reichen. Ununterbrochene, waagerechte Öffnungen unmittelbar unter der Decke haben eine analoge Wirkung. Die Ecken dürfen als die »kritischen« Stellen des Raumes bezeichnet werden.«[22]

Was bei all diesen Manipulationen jedoch fortbesteht, ist die Geschlossenheit der Raumform, selbst wenn man die Scheiben noch weiter in stabförmige Elemente zerlegt. Erst wenn die diskreten Körper (stabförmige Elemente, Scheiben etc.) so angeordnet werden, daß das Entstehen einer geschlossenen Raumform unterbleibt, entfaltet sich die vollständige Wirkung des räumlichen Kontinuums, des »fließenden Raumes«, wie es zum Beispiel die Architektur Mies van der Rohes beispielhaft demonstriert.

[2] Norberg-Schulz, Chr.: Logik . . . S. 137.

rst wenn die Anordnung der diskreten örper keine geschlossene Raumform ehr entstehen lassen, entfaltet sich die ollständige Wirkung des räumlichen ontinuums.

Mies selbst schreibt dazu: »Der freie Plan ist eine neue Konzeption mit eigener Grammatik – wie bei einer neuen Sprache. Viele meinen, daß der freie Plan absolute Freiheit bedeutet. Ein Mißverständnis! Der freie Plan verlangt ebensoviel Disziplin und Verständnis von dem Architekten wie ein konventioneller Plan.«(23)

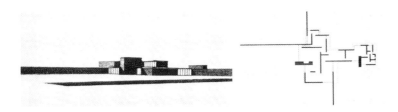

Fließender Raum: Ludwig Mies van d Rohe: Landhaus aus Backsteinen, 192

Ludwig Mies van der Rohe: Landha aus Backsteinen, 1923

Die funktionale Syntax

Menschliche Tätigkeiten, Bedürfnisse und Handlungen sind nicht nur äußerst vielfältig, sondern zudem in unterschiedlichster Weise miteinander verknüpft, verzahnt, verbunden. Funktionale Syntax beschäftigt sich mit der Art und Weise dieser Verknüpfungen, allerdings nur insoweit, wie diese räumlich wirksam werden (kausale Verknüpfungen zwischen Handlungen bleiben außer Ansatz, da nicht zum Gebiet der architektonischen Syntax gehörend).

Nähe
Innerhalb der Kontinuität täglichen Handelns lassen sich einzelne Abläufe und engere Handlungszusammenhänge unterscheiden, die sich mit einer gewissen Notwendigkeit in räumlicher Nähe niederschlagen. Man wird nur ungern mit den fertig zubereiteten Speisen die halbe Wohnung durchqueren, um sich zum Essen niederzulassen; auch die Essenszubereitung selbst wird lästig, wenn nicht Herd, Spüle, Kühlschrank, Vorrats- und Geschirrschrank in vernünftiger räumlicher Nähe zueinander angeordnet sind. Andererseits sucht man sich seine Wohnung auch danach aus, ob Arbeitsplatz, Schule, Kindergarten, -spielplatz, Einkaufsmöglichkeiten etc. in der Nähe sind. Die Arbeit des Architekten, bezogen auf die Infrastruktur eines ganzen Stadtteils oder auf die einer einzelnen Wohnung besteht also in einem ersten Schritt darin, solche Handlungszusammenhänge adäquat in räumliche Zusammenhänge umzusetzen.

Richtung
Darüber hinaus sind gewisse Handlungsabläufe in ihrer zeitlichen oder räumlichen Ausrichtung festgelegt und nicht umkehrbar. Besonders deutlich ist dies bei einzelnen Fertigungsstufen innerhalb

(23) a. a. O., S. 155.

von Produktionsstätten, die oft ein räumliches Hintereinander zwingend vorschreiben. Aber auch bei Verwaltungstätigkeiten muß ein Vorgang oft die einzelnen Abteilungen in einer bestimmten Abfolge durchlaufen, die eine räumliche Synchronisation zumindest nahelegt; in Schwimmbädern erfolgt in der Regel eine Zwangsführung von der Kasse über die Umkleideräume und Duschkabinen zum Schwimmbecken; und auch die vermeintliche Bewegungsfreiheit des Kunden in einem Supermarkt wird in Wirklichkeit durch komplizierte psychologische Manipulationen beeinflußt und endet darüber hinaus zwangsläufig an der Kasse. Auch sind die *übereinander* liegenden Nutzungen in einem Wohn- und Geschäftshaus oft nicht austauschbar: Man geht nicht in den 4. Stock um einzukaufen, und Wohnen im Erdgeschoß wiederum wird oft durch die Straßennutzung stark beeinträchtigt.

Innen – Außen
Die Struktur von Handlungszusammenhängen und -abläufen kann also eine bestimmte Gruppierung oder Ausrichtung räumlicher Bereiche erforderlich machen oder sogar zwingend vorschreiben. Aber damit ist noch nichts darüber ausgesagt, ob diese räumlichen Bereiche Teile eines einzigen Gesamtraumes sind oder tatsächlich einzelne abgeschlossene Räume bilden. Jede menschliche Handlung oder Nutzung belegt Raum, aber man kann einen Raum so groß machen, daß mehrere Funktionen darin Platz haben, unter Umständen sogar alle, die zu einer bestimmten Lebensführung oder Arbeitsorganisation gehören. Geht man von mittelalterlichen Lebens- und Arbeitszusammenhängen aus, so läßt sich die Entwicklung bis heute als eine einzige Folge von Ausgrenzungen beschreiben: Erst wurde die Erwerbstätigkeit oder Produktion vom Wohnen getrennt, dann das Kochen aus dem übrigen Bereich ausgegrenzt, später Wohnen und Schlafen separiert und schließlich Kindern und Erwachsenen eigene Bereiche zugewiesen (natürlich nur bei entsprechenden Einkommensverhältnissen). In den 20er Jahren gab es sogar mit den Servicehäusern ernstzunehmende Versuche, die Essenszubereitung vollständig aus dem inneren Bereich des Wohnens auszugrenzen. Parallel dazu ließ sich auf der städtebaulichen Ebene ein ähnlicher Prozeß der Ausgrenzung beobachten, entsprechend dem Motto des funktionalistischen Städtebaus: Funktionstrennung heißt räumliche Trennung.

Zentralisierung – Dezentralisierung
Um aber die monofunktionalistischen Schrecken mancher modernen Großstädte zu erzeugen, muß zu der Trennung und Ausgrenzung von unterschiedlichen Funktionen, für die es in vielen Fällen gute Gründe gibt, noch die Kombination und Konzentration der dann entstehenden gleichen Einzelfunktionen zu neuen Konglomeraten auf der Basis der Nähe-Relation erfolgen. Die durch die Einheit der Person bedingte »vertikale« Verknüpfung von Tätigkeiten zu

Handlungszusammenhängen muß zugunsten der »horizontalen« Verknüpfung von gleichen Handlungssegmenten aufgehoben werden.

Erst dann entstehen monofunktionale Stadtrandsiedlungen, Bankenviertel, Einkaufszentren, Vergnügungsghettos etc. Es ist also immer die Frage, auf welcher Maßstabsstufe man mit der Ausgren-

Wohnen	Wohnen	Wohnen	→ Wohnghettos
Arbeiten			→ Gewerbezonen
Lernen			→ Schulzentren
Erholung			→ Grünzonen
Einkaufen			→ Einkaufszentren
Kultur			→ Kulturghettos
Unterhalt.			→ Vergnüg.-Viertel
Sport			→ Sport-Zentren
.....			→ etc.

Durch die horizontale Verknüpfung vo[n] gleichen Handlungssegmenten entstehe[n] monofunktionale Stadtbereiche.

zung und Spezialisierung beginnt und bis zu welcher Größenordnung man die Konzentration und Zentralisierung von gleichen Funktionen vorantreibt. Gerade die jüngeren Beispiele extremer Zentralisierungstendenzen (Schul-, Krankenhaus-, Universitätsbau) lassen berechtigte Zweifel an einer höheren Effizienz solcher Einrichtungen zu und rufen in immer stärkerem Maße Gegenbewegungen, also Forderungen nach Dezentralisierung, hervor.

Die Reduktion städtischer Vielfalt au[f] eine einzige Funktion.

Las Vegas, Upper Strip

Durchdringung, Ineinander

Solche Gegenbewegungen richten sich inzwischen insgesamt gegen die Ausgrenzungstendenzen der funktionalistischen Ära, indem versucht wird, isolierte Teilfunktionen wieder in einer Wohnung, unter einem Dach oder in einem Quartier zusammenzuführen. Die Relation der Durchdringung, des Ineinander von Funktionen ist in diesem Sinne das genaue Gegenteil der Außen-Innen-Relation, der Ausgrenzung von Funktionen. Inzwischen wurde zum Beispiel auch der Straßenraum oder der städtische Platz, lange Zeit allein dem Auto überlassen, als multifunktionaler Handlungsraum wiederentdeckt, als Raum also, in dem viele Dinge gleichzeitig oder abwechselnd stattfinden können.

Kontinuität-Diskontinuität

Funktionale Kontinuität ist dann gegeben, wenn in bestimmten Räumen oder Gebäuden immer wieder und immer nur die gleichen Tätigkeiten stattfinden. Stadträumlich gesehen ist das zum Beispiel der Fall, wenn eine vornehme Wohngegend über Jahrhunderte hinweg ihren Charakter beibehält; auf das einzelne Gebäude bezogen sind damit alle spezialisierten Bauten gemeint wie Rathäuser, Theater, Bahnhöfe, aber auch Wohnhäuser, die nur eine ganz bestimmte Form der Wohnnutzung zulassen.

Andererseits zeigt die Geschichte, daß diese Nutzungskontinuität irgendwann durch gesellschaftlichen Wandel ihr natürliches Ende findet: dann kommt es entweder zu einer Umnutzung, oder das Gebäude (Stadtviertel) verfällt (verslumt) und wird abgerissen. Natürlich kann ein Gebäude auch schon verfallen, bevor es aufgrund gewandelter Funktionen unbrauchbar geworden ist, aber zumindest über lange Zeiten hinweg liefen Nutzungskontinuität und Lebensdauer eines Gebäudes relativ synchron. Problematischer ist der umgekehrte Fall: In Zeiten sich ständig beschleunigender gesellschaftlicher Wandlungsprozesse kann eine Gebäudesubstanz noch vollständig intakt sein, die spezialisierte und unveränderbare Struktur aber nicht mehr den Anforderungen entsprechen. Dies Dilemma vor Augen, begannen in den 60er Jahren einige Architekten, über veränderbare Wohn- und Nutzungskonzepte nachzudenken und lösten damit die langanhaltende Flexibilitäts-Diskussion aus, die direkt mit Fragen der funktionalen Kontinuität beziehungsweise Diskontinuität verbunden ist.

Gleichzeitig machte diese Diskussion deutlich, daß die Zuordnung von Räumen zu Funktionen – unter dem Kontinuitätsaspekt betrachtet – nicht parallel, sondern gegeneinander verläuft: Eine geschlossene, spezialisierte Raumstruktur (räumliche Diskontinuität) funktioniert nur bei langfristiger Nutzungskontinuität; Nutzungswandel, also Nutzungsdiskontinuität, funktioniert nur bei offenen, neutralen Raumstrukturen oder räumlichen Kontinua (Halle mit Stützen, auswechselbare Trennwände etc.).

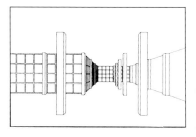 

Nutzungswandel oder Nutzungsdiskontinuität funktioniert nur bei offenen neutralen Raumstrukturen oder räumlichen Kontinua.

Zusammenfassung

Inzwischen wird deutlich geworden sein, daß die allgemeine funktionale Syntax zwar das vollständige Repertoire der prinzipiellen Verknüpfungsmöglichkeiten zur Verfügung stellt, daß jedoch jede konkrete Kultur- und Gesellschaftsstufe aus diesem Repertoire ihre speziellen Strukturen auswählt und erzeugt.

Welche Funktionen ein Architekt wie trennt, welche er wie verbindet und wie er das Ergebnis schließlich räumlich umsetzt, ist deshalb kein willkürlicher Akt, sondern über weite Bereiche konventionalisiert, durch gängige Schemata und gesellschaftliche Absprachen festgelegt. Andererseits sind gesellschaftliche Entwicklungen bekanntermaßen einem ständigen Wandel unterworfen, so daß die unkritische Übernahme eingeschliffener Schemata sehr schnell kontraproduktiv werden kann. Deshalb ist die Überprüfung und eventuelle Veränderung der jeweiligen funktionalen Verknüpfungsformen elementarer Bestandteil des architektonischen Entwurfsprozesses, und das daraufhin entstandene Ergebnis spiegelt immer auch die vom Architekten bezogene Position innerhalb solcher gesellschaftlichen Wandlungsprozesse wider.

Die konstruktive Syntax

»Konstruieren heißt Verbinden« ist ein elementarer Grundsatz der Baukonstruktions- und Tragwerkslehre, der gleichzeitig präzise das Programm der konstruktiven Syntax umschreibt: Die Kombination von Materialien, konstruktiven Elementen und Bauteilen zu einem funktionsfähigen Gebäudeganzen.

Dabei lassen sich drei prinzipielle Bereiche unterscheiden:
1. Die Kombination von einzelnen und oft kleinteiligen Bauelementen zu größeren zusammenhängenden Einheiten (Baukonstruktion).
2. Die Kombination von Tragelementen zu einer Tragstruktur (Statik).
3. Die Kombination von unterschiedlichen Materialien zu einem Bauteil, das alle für das Gebäude erforderlichen Schutzfunktionen erfüllt (Bauphysik).

Für alle drei Bereiche gilt jedoch gleichermaßen, daß sich die wesentlichen Probleme letztlich auf unterschiedliche Formen der Verknüpfung zurückführen lassen.

Nähe, Anlagerung
Tatsächlich beschränkte sich die konstruktive Tätigkeit der Menschen über sehr lange Zeiträume hinweg hauptsächlich auf das In-die-Nähe-Bringen, Anlagern und Aufeinanderstapeln von unbearbeiteten Natursteinen oder kleinen Felsbrocken.

nlagern und Aufeinanderstapeln von bearbeiteten Natursteinen

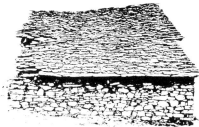

Allerdings funktioniert das Stapeln zwar übereinander; nebeneinander aber nur am Boden (z. B. Pflasterfläche), nicht an der Decke, wo zumindest die Aneinanderfügung der Steine in Form eines scheitrechten Sturzes oder sonstiger Arten der Verkeilung notwendig ist.

Richtung
Das hat unter anderem damit zu tun, daß alles Bauen ein Bauen gegen die Schwerkraft ist, gegen eine konstant gerichtete Kraft, wodurch horizontale und vertikale Tragelemente unterschiedlichen Belastungen ausgesetzt sind. Entsprechend findet sich die Relation der Richtung in den unterschiedlichen Spannungen wieder (Druck-, Zug-, Biegespannungen, Torsion etc.), die als Folge im Inneren der Tragelemente auftreten. Die allmähliche Einführung von Baustoffen wie Beton und Stahl, die in bisher nicht erreichtem Umfang Zug- und Biegespannungen übernehmen konnten, revolutionierte zum Beispiel zu Beginn unseres Jahrhunderts das gesamte Baugeschehen und markierte mehr als alle Stilwandlungen einen entscheidenden

ie Einführung von Baustoffen wie Beton und Stahl leitete den Wandel vom aditionellen, vertikalen Lastabtrag der aumassen zu hängenden, kragenden, hwebenden Konstruktionen ein.

ariser Oper, 1875; Jörn Utzon: Oper in ydney, 1984

Wendepunkt der Baugeschichte: vom traditionellen, vertikalen Lastabtrag der Baumassen hin zu hängenden, kragenden, schwebenden Konstruktionen.

Die Relation der Richtung spielt aber auch in der Bauphysik eine entscheidende Rolle. Zum Beispiel sind mehrschalige Konstruktionen immer gerichtet, es handelt sich um nicht-umkehrbare Anordnungen, und auch die Reihenfolge der Schichten untereinander muß genau beachtet werden.

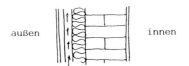

Auch in der Bauphysik spielt die Relation der Richtung eine entscheidende Rolle.

Bewußte Verstöße gegen diese Reihenfolge (z. B. Wärmedämmung innen wegen Sichtbeton) müssen dann durch zusätzliche Maßnahmen in ihrer schadenserzeugenden Wirkung neutralisiert werden. Andererseits können neue Materialien beziehungsweise neue Materialeigenschaften, wie zum Beispiel die geschlossenporige Wärmedämmung, solche Reihenfolgen im wahrsten Sinne des Wortes umkehren (Umkehrdach) und neue Kombinationsregeln erzeugen.

Innen – Außen
Mit diesen Beispielen wird bereits auf die Beziehung zwischen Innen und Außen, oder besser: auf den Schutz des Inneren vor äußeren Einflüssen wie Kälte, Schall, Feuchtigkeit als elementare Konstruktionsaufgabe verwiesen. Hinzu tritt die Notwendigkeit, ein stabiles Gleichgewicht zwischen inneren und äußeren Kräften zu erreichen, also die statische Aufgabe, entweder die innere Steifigkeit der Konstruktion durch entsprechende Maßnahmen zu gewährleisten, oder aber ein labiles System von außen, zum Beispiel durch einen festen Kern, auszusteifen.

In der modernen Architektur wird die nach außen verlagerte Konstruktion häufig zur dominierenden Aussage des Gebäudes gemacht.

Richard Rogers, Shanghai-Bank, Hongkong

Die gleiche Auswahl zwischen zwei prinzipiellen Strategien hat der Architekt bei der Sichtbarmachung der Konstruktion: während in der traditionellen Bauweise die konstruktiven, tragenden Teile meist unter einer ornamentalen Hülle verborgen lagen, gibt es in der modernen Architektur bestimmte Tendenzen, dieses Verhältnis umzukehren und die nach außen verlagerte Konstruktion zur dominierenden Aussage des Gebäudes zu machen.

*...e verborgene technische Infrastruktur
...rd freigelegt und nach außen gekehrt.*

*...chard Rogers, Fabrik in Newport,
...oßbritannien*

Auf dem gleichen Ansatz basieren die Bemühungen, die normalerweise im Inneren verborgene technische Infrastruktur, die Eingeweide sozusagen, freizulegen und nach außen zu kehren.

Durchdringung – Trennung

Ihren gemeinsamen Ursprung haben diese Tendenzen in dem neuzeitlichen Ansatz, die konstruktiven Bauwerksfunktionen prinzipiell neu zu definieren, was überhaupt erst zu einer klaren Trennung sowohl von Tragstruktur und raumbildender Struktur, wie auch von

...ennung von Fassade und Tragstruktur

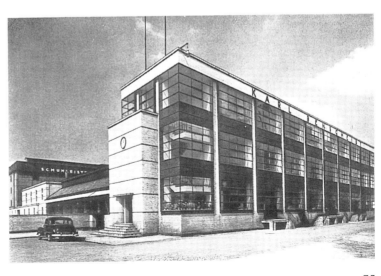

...alter Gropius, Faguswerke

Hülle und technischer Infrastruktur führte. Und diese Tendenz setzt sich teilweise in der Entwicklung immer komplexerer mehrschaliger Konstruktionen fort, wo jeder Einzelfunktion ein gesondertes konstruktives Element (Dämmung, Dichtung, Dampfsperre, Hinterlüftung etc.) zugewiesen wird. Die Anforderungen an die Bauausführung werden – wie die große Zahl der Bauschäden zum Beispiel im Flachdachbereich beweist – entsprechend höher.

Das heißt aber nicht, daß es in der modernen Architektur und Konstruktionstechnik nicht auch entgegengesetzte Tendenzen gibt. Bestes und erfolgreichstes Beispiel für Durchdringung und Verschmelzung, in diesem Falle von Tragelementen, ist der Stahlbeton.

Kontinuität – Diskontinuität

Immer wieder finden sich in der Baukonstruktion auch Bestrebungen, die Gesamtheit der Bauaufgabe möglichst mit einem einzigen Material oder Werkstoff zu lösen. Wir kennen reine Stahlbauten, reine Holzbauten, reine Betonbauten, reine Lehmbauten etc. Die speziellen Eigenarten des jeweiligen Werkstoffes führen dann zu einem entsprechend charakteristischen architektonischen Erscheinungsbild.

Die speziellen Eigenarten von Werkstoffen führen zu einem charakteristischen architektonischen Erscheinungsbild.

Solche materielle Kontinuität hat allerdings ab einer bestimmten Größenordnung oder Längenausdehnung zur Folge, daß künstlich eine Trennung, also Diskontinuität, erzeugt werden muß, um Rissebildung oder Aufsprengungen zu vermeiden (s. a. Autobahn).

In einem anderen Zusammenhang spricht man auch dann von einem *konstruktiven Kontinuum*, wenn durch Auflösung von traditionellen Tragelementen räumliche Gittertragwerke aus genormten Teilen und Verbindungselementen (z. B. Mero-System) entstehen, die Räume in beliebiger Form frei überspannen können. Erinnert sei in diesem Zusammenhang an die Megastrukturen von Yona Friedman, Buckminster Fuller oder Konrad Wachsmann.

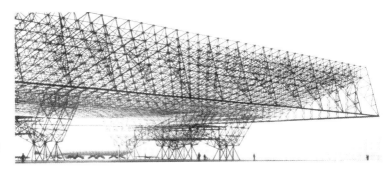

Conrad Wachsmann, Flugzeughangar, Modellstudie

Zusammenfassung

Mit diesem kurzen Überblick sind natürlich nur bestimmte übergeordnete Gesichtspunkte einer konstruktiven Syntax beispielhaft angesprochen worden. Die konkrete konstruktive Tätigkeit des Verbindens, Verknüpfens, Kombinierens bis hin zur Detaillierung eines Traufpunktes, eines Treppengeländers oder eines Fensteranschlusses ist ein viel zu weites Feld, um hier auch nur in Ansätzen behandelt werden zu können. Das ändert nichts an der Tatsache, daß auch jede Detaillösung letztlich auf den hier skizzierten elementaren Prinzipien der Verknüpfung basiert.

Die formale Syntax

Nachdem in der räumlichen, der funktionalen und der konstruktiven Syntax die jeweiligen Verknüpfungsformen unabhängig von definierten Maßen, Entfernungen und Winkeln abgehandelt wurden, eröffnet die formale Syntax die Möglichkeit, die so verknüpften Elemente in Zustände höherer Ordnung (Formen, Konfigurationen, formale Strukturen) zu überführen. Durch Hinzuziehung und Anwendung von Ordnungsrelationen (a = b/a / b) können die Lagebedingungen der Elemente, ihre Richtungen, ihre Abstände voneinander und ihre Winkelbeziehungen jeweils in Hinblick auf *Gleichheit* oder *Ungleichheit* strukturiert werden.

Z. B. Nähe, Gruppierung

Organisation von Elementen anhand von Ordnungsrelationen

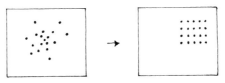

Alle Elemente haben den *gleichen* Abstand von ihrem Nachbarn.

Z. B. Richtung

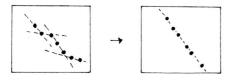

Alle Elemente inzidieren mit (liegen auf) der *gleichen* Geraden.

Z. B. Innen – Außen

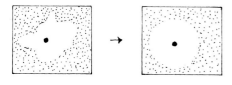

Das innenliegende Element hat den *gleichen* Abstand von den umgrenzenden Elementen.

Z. B. Durchdringung

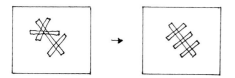

Durchdringung unter *gleichem* Winkel (90 °).

Z. B. Anlagerung

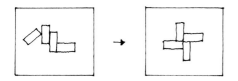

Alle Elemente sind an der *gleichen* Stelle aneinander angelagert.

Z. B. räumliche Kontinuität

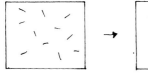

*Gleich*mäßige Verteilung.

Konfigurationen

Parallel zur euklidischen Geometrie läßt sich so mit Hilfe der Ordnungsrelationen das gesamte Instrumentarium formaler Strukturen erzeugen, das dann auch in der Architektur auf die notwendigen raumbildenden, funktionalen und konstruktiven Verknüpfungen angewandt wird. Besonders häufige architektonische Konfigurationen sind:

Zentralität: Alle Elemente sind auf den *gleichen* Punkt ausgerichtet.

Linearität: Alle Elemente liegen auf der *gleichen* Geraden.

Reihung: Alle auf einer Geraden liegenden Elemente haben den *gleichen* Abstand von ihrem Nachbarn.

Rhythmus: *Gleiche* Sequenzen unterschiedlicher Teilabstände zwischen Elementen werden wiederholt.

Parallelität: Alle Elemente liegen auf Geraden, deren Abstand voneinander immer *gleich* bleibt.

Raster: Alle Elemente liegen auf den Schnittpunkten von Parallelenscharen, die sich unter *gleichem* Winkel schneiden (z. B. 90°).

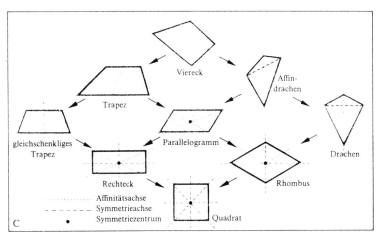

Durch fortschreitende Gleichsetzung v[on] Seitenlängen und Winkeln entsteht a[us] einem unregelmäßigen Viereck schlie[ß]lich ein Quadrat.

(24)

Formen

Nach dem gleichen Prinzip wie bei den Konfigurationen entstehen aus unregelmäßigen Flächen geometrische Formen, aus unregelmäßigen Körpern oder Innenräumen prägnante räumliche Elemente. Stellvertretend wird dieser Vorgang an der Entstehung eines Quadrates aus einem unregelmäßigen Viereck aufgezeigt.

Das Phänomen der aus der Wahrnehmungspsychologie bekannten »guten Formen«, die besonders leicht und schnell identifiziert werden, läßt sich also aus der Tatsache erklären, daß die räumlichen Beziehungen der Elemente in besonders hohem Maße geordnet sind, eine ausgeprägte Struktur besitzen. Das gilt nicht nur für das Quadrat, sondern auch für den Kreis (die Menge aller Punkte, »die von einem Punkt M den gleichen Abstand haben«[25]) und für die anderen regelmäßigen Formen, ebenso für die dreidimensionalen Elemente, also Körper und Innenräume.

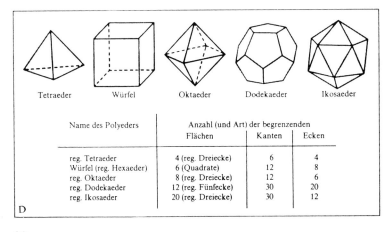

Die Herstellung von regelmäßigen Kö[r]pern und Innenräumen durch geordn[ete] räumliche Beziehungen.

Name des Polyeders	Anzahl (und Art) der begrenzenden		
	Flächen	Kanten	Ecken
reg. Tetraeder	4 (reg. Dreiecke)	6	4
Würfel (reg. Hexaeder)	6 (Quadrate)	12	8
reg. Oktaeder	8 (reg. Dreiecke)	12	6
reg. Dodekaeder	12 (reg. Fünfecke)	30	20
reg. Ikosaeder	20 (reg. Dreiecke)	30	12

[24] Reinhardt, F./Soeder, H.: dtv-Atl[as] ... S. 162.
[25] a. a. O., S. 153.

Die Kombination von Formen und Konfigurationen

Werden auf der nächsten Kombinationsstufe zwei oder mehr geordnete Strukturen (Formen oder Konfigurationen) zueinander in Beziehung gesetzt, lassen sich aus der elementaren Ordnungsrelation weitere Relationen ableiten: *Wiederholung, Variation, Kontrast/ Gegensatz, Dominanz* und *Hierarchie*.

Konfigurationen   Formen

– Wiederholung (gleicher Formen oder Konfigurationen)

z. B. bei Symmetrie

– Variation (über ein Thema)

z. B. bei Rhythmus

– Kontrast/Gegensatz

z. B. Horizontal/ Vertikal b. Parallelen

– Dominanz

z. B. bei Reihung

– Hierarchie

z. B.: Symmetrie organisiert Parallelität

Die Überlagerung formaler Strukturen

Schließlich können in einem letzten Schritt solche komplexen formalen Strukturen durch Überlagerung beliebig weiter miteinander kombiniert werden.

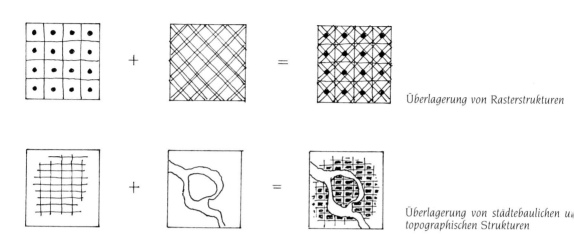

Überlagerung von Rasterstrukturen

Überlagerung von städtebaulichen u. topographischen Strukturen

Überlagerung von Formkomplexen

Noch einmal: Abgrenzung zur Ästhetik

Allgemein gesagt befaßt sich die formale Syntax also mit der Möglichkeit, auf der Basis relativ weniger Relationen beliebig viele und beliebig komplexe formale Strukturen zu erzeugen. Ohne Zweifel sind dadurch vielfältige Berührungspunkte mit ästhetischen Fragestellungen gegeben, da die formalen Ordnungsschemata nicht von ihrer ästhetischen Wirkung zu trennen sind, sie sogar vielfach ausmachen. Andererseits lassen sich Fragen der Ästhetik nicht auf die Analyse oder Beschreibung von unterschiedlichen Ordnungszuständen reduzieren. Hier gewinnen vielmehr übergeordnete Gleichgewichtsprobleme eine entscheidende Bedeutung, zum Beispiel zwischen
Ordnung – Unordnung
Banalität – Komplexität

Harmonie – Dissonanz
Ausgewogenheit – Spannung
Ruhe – Bewegung.
Von der Problematik der Koordination von formaler Struktur und inhaltlicher Aussage zu einer künstlerischen, ästhetischen Botschaft ganz zu schweigen.

Für solche weitergehenden Betrachtungen stellt die formale Syntax als Teilgebiet der Syntax-Theorie lediglich das Handwerkszeug, das Instrumentarium bereit; sie beinhaltet Kombinationsregeln zur Erzeugung formaler Strukturen, aber sie macht keine Aussage über die Art und Weise ihrer Anwendung oder ihrer Wirkung.

Allerdings lassen sich durchaus Vermutungen anstellen, wieso gerade in jüngerer Zeit das Raster als ordnendes System und ästhetische Ausdrucksform eine derart große Bedeutung erlangt hat. In einem Vortrag an der TU Berlin aus dem Jahre 1984 erläuterte Rem Kohlhaas, wie seiner Ansicht nach (und damit steht er nicht allein) die Gesellschaft immer mehr in unverbundene, aber simultan existierende Bruchstücke zerfällt, die nicht mehr ineinander oder hierarchisch, sondern nebeneinander organisiert sind (topologische Relationen!). In dieser Situation des Zerfallens übergeordneter Strukturen müssen mit einer gewissen Notwendigkeit additive, neutrale Ordnungsmuster wie das Raster starke Bedeutung gewinnen, da sie oft die einzige Möglichkeit darstellen, atomisierte Teilstrukturen wenigstens formal miteinander zu verknüpfen.

Kombinierbarkeit

Unabhängig von solchen weiterführenden Überlegungen beschäftigt sich formale Syntax jedoch durchaus mit den praktischen Konsequenzen, die sich aus dem allgemeinen syntaktischen Aspekt der Kombinierbarkeit für die formale Ausprägung von Bauelementen, Räumen und Körpern ergeben. Ein Ziegel hat zum Beispiel selten die Form einer Kugel, weil diese Form sich am stärksten gegen eine Kombination mit anderen Raumformen sträubt – sie ist das eigenständigste räumliche Element. So lassen sich die Elemente formal nach ihrer »Fähigkeit, sich an andere Massen anzuschließen«[26], nach dem syntaktischen Gesichtspunkt ihrer Kombinierbarkeit, einordnen. Ähnlich »sperrig« wie die Kugel erweist sich in diesem Zusammenhang der Kegel, während der Zylinder immerhin schon in zwei Richtungen Anlagerungen zuläßt (Säule eines griechischen Tempels aus zylindrischen Trommeln). In dieser Typologie der stereometrischen Grundformen erweist sich schließlich der Parallelflächner, also Kubus oder Quader, als »anziehendste«[27] Form, und so ist es kein Zufall, daß diese räumliche Grundform die Baugeschichte in so starker Weise dominiert. Auch die in den 60er und 70er Jahren unseres Jahrhunderts auftauchenden Dreiecks- und Sechseckstrukturen wurden unter anderem wegen ihrer »zwischenraumlosen« Verknüpfungsmöglichkeiten ausgewählt.

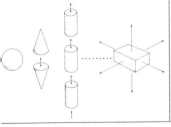

Elemente lassen sich formal nach dem syntaktischen Gesichtspunkt ihrer Kombinierbarkeit oder Anlagerungsfähigkeit ordnen.

[6] Norberg-Schulz, Chr.: Logik ... S. 135.
[7] ebenda.

Die Synchronisation der Syntaxen

Die in den vorangegangenen Abschnitten skizzierten syntaktischen Zusammenhänge sind natürlich nur Stichworte einer noch zu formulierenden räumlichen, funktionalen, konstruktiven und formalen Syntax. Sie weisen lediglich nach, daß sich die so komplexen und umfangreichen Gebiete der *Baukonstruktionslehre*, *der architektonischen Raumlehre*, der *Formenlehre* und der *funktionalen Typologien* (Gebäudekunde) prinzipiell als strukturierte Systeme von Elementen und Relationen entwickeln lassen.

Des weiteren darf über der isolierten Darstellung der vier syntaktischen Dimensionen nicht vergessen werden, daß neben der relativen Eigenständigkeit ein kompliziertes System von Vernetzungen und gegenseitigen Abhängigkeiten zwischen den Dimensionen existiert: bestimmte räumliche Strukturen machen besondere Konstruktionen erforderlich und schließen andere aus, manche Funktionen lassen sich nur in bestimmten räumlichen Konstellationen organisieren, viele Formen leiten sich schon aus den jeweiligen konstruktiven Lösungsmöglichkeiten ab usw.

Das gleiche gilt für Repertoire-Erweiterungen, die in vielen Bereichen ebenfalls nicht der Willkür des Architekten unterliegen. So konnte der räumliche Bautyp des Hochhauses nicht realisiert werden, bevor nicht die konstruktiven Voraussetzungen dafür geschaffen waren (und er konnte nicht vernünftig genutzt werden, bevor nicht der Aufzug erfunden war). Die Kuppel als elementare Architekturform setzte in gleicher Weise gewisse konstruktive Möglichkeiten voraus. Und die baugeschichtlich bedeutsame Form des Rundbogens oder des scheitrechten Sturzes entstand zunächst einmal als rein konstruktive Lösung für die Überbrückung von Mauerwerksöffnungen.

Das heißt nicht, daß nur und immer die konstruktive Dimension prägend wirkt. Vor allen konstruktiven, räumlichen und funktionalen Überlegungen stand beim Bau vieler christlicher Kirchen die Entscheidung für die Grundrißform des Kreuzes. Und im 19. Jahrhundert wurden oft stadträumliche Überlegungen zum ausschlaggebenden Kriterium für die Organisation der übrigen Dimensionen, das heißt Konstruktion, Funktion und Form der einzelnen Gebäude wurden der räumlichen Inszenierung der Stadt und ihrer Plätze untergeordnet, wobei in manchen Fällen (z. B. spitz zulaufende Eckgrundstücke) gravierende funktionale Mängel in Kauf genommen wurden. Schließlich wurde in jüngster Vergangenheit nachdrücklich die Auffassung vertreten (und auch in die Praxis umgesetzt), daß die Funktion die räumlichen, konstruktiven und formalen Bereiche bestimmt und die wesentlichen Kriterien für die Entscheidungen liefert.

Unterschiedliche Beurteilungen des Stellenwertes der einzelnen Dimensionen und der Art und Weise ihrer Verknüpfungen ziehen sich also durch die gesamte Baugeschichte, ohne daß dies automatisch zur totalen Dominanz eines einzelnen Bereiches führen muß. Extreme und ideologische Standpunkte, wie sie zum Beispiel durch die Stichworte *Funktionalismus*, *Konstruktivismus*, *Kontextualismus* oder *Formalismus* gekennzeichnet werden, tauchen deshalb gerade in solchen Zeiten auf, in denen ein die einzelnen Dimensionen integrierender Gesamtstil fehlt oder gerade erst zusammengebrochen ist. Das Optimieren von Einzelaspekten und die daraus folgende Vernachlässigung der jeweils anderen Aspekte steht dem Bestreben funktionierender Baustile entgegen, jeweils eine Synthese der unterschiedlichen Dimensionen, ein sich gegenseitig verstärkendes Zusammenwirken oder eine Integration zu erreichen. Oder anders gesagt: Baustile erleben immer dann ihre Blütezeit, wenn eine Synchronisation der vier verschiedenen syntaktischen Dimensionen erreicht ist, wenn diese sich auf dem gleichen Niveau stabilisiert haben und wenn zwischen ihnen ein ungefähres Gleichgewicht herrscht; und Baustile beginnen immer dann zu verfallen oder sich zu verändern, wenn dieses Gleichgewicht gestört ist, weil eine Dimension sich ändert oder, bildhaft gesprochen, »ins Rutschen gerät«: sei es dadurch, daß konstruktive Neuerungen oder Umwälzungen ganz neue Lösungen ermöglichen, sei es, daß geänderte Bedürfnisse ganz neue Funktionsschemata erzwingen. Zwar läßt sich beobachten, wie die Beharrungskräfte eines Baustils noch längere Zeit zäh an dem alten Gleichgewicht festhalten, und zum Beispiel Stahlträger hinter scheitrechten Stürzen versteckt oder Stahlstützen mit korinthischen Kapitellen verziert werden. Aber auf Dauer führen die dadurch erzeugten inneren Spannungen mit Notwendigkeit zur Veränderung oder gar zur Sprengung des stilistischen Systems.

Aus der Tatsache, daß die Syntax der Architektursprache vierpolig ist, erklärt sich daher auch die relative Labilität der Architektursysteme und das periodische Auftreten von Verfallserscheinungen innerhalb der Baustile: Stabilität ist viel schwerer zu erreichen als in der gesprochenen Sprache.

ie vier syntaktischen Dimensionen

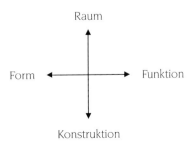

Coda

Die Tatsache, daß die syntaktische Arbeit des Architekten ein sich ringförmig erweiternder Prozeß der Herstellung immer komplexerer Strukturen ist, darf nicht mit den auf die 70er Jahre zurückgehenden Architekturströmungen verwechselt werden, die in der *Darstellung* von Strukturen das Ziel einer strukturalistischen Sprach- oder Architekturauffassung sahen. Es kann nicht die Aufgabe eines Gebäudes sein, lediglich die Grammatikkenntnisse des Architekten zu dokumentieren. Vielmehr muß die zunächst erzeugte Vielschichtigkeit und Unterschiedlichkeit der Teilstrukturen auf einer höheren Ebene und zugunsten einer neuen Einheit wieder aufgehoben werden, damit aus »multiis et variis« von Beziehungen ein »unum et totum«, eine neue Synthese entsteht. Es geht also nicht darum, Strukturen bloßzulegen, sondern darum, Strukturen miteinander zu verschmelzen. Und es geht nicht um die Deklination von Vokabeln, sondern um die Anwendung grammatischer Prinzipien als Grundlage sinnvollen Sprechens. Aber das verweist schon auf semantische Fragestellungen, die Gegenstand des nächsten Kapitels sind.

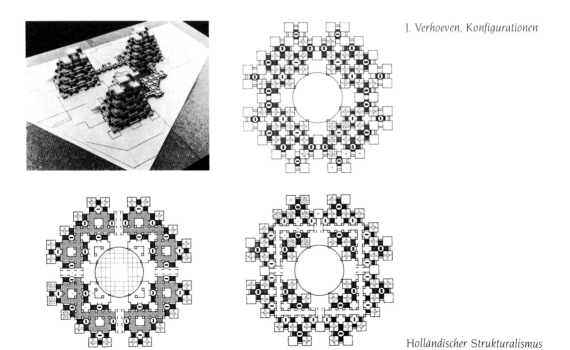

J. Verhoeven, Konfigurationen

Holländischer Strukturalismus

Eisenman, Kompositionen

Strukturelle Experimente als Selbstzweck.

Günther Fischer/Ludwig Fromm: So
tär am Nettelbeckplatz

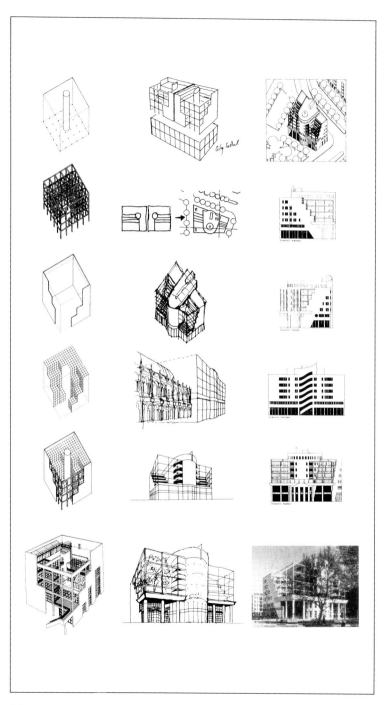

V. SEMANTIK, oder: WIE KOMMT DIE BEDEUTUNG IN DIE ARCHITEKTUR?

Die vier Formen der Bedeutung

Bedeutung ist – und das macht die Faszination, aber auch die Problematik aus – ein schillernder und selbst sehr vieldeutiger Begriff. Alle uns umgebenden Phänomene haben unter bestimmten Umständen Bedeutung: eine Zeichnung, ein Stuhl, ein Haus, ein Mensch, ein Naturereignis, ein Blick, ein Zögern – aber ganz offensichtlich handelt es sich jeweils um sehr unterschiedliche Erscheinungsformen von Bedeutung. Vor jeder Beschreibung semantischer Prozesse – auch in der Architektur – muß also zunächst einmal geklärt werden, was eigentlich die »Bedeutung der Bedeutung« ist und von welchen Erscheinungsformen im nachfolgenden die Rede sein wird.

Referenz

Die geläufigste Form der Bedeutung findet man in der Antwort auf die Frage »Was ist das?«: »Das ist ein Fenster, ein Dach, ein Wohnhaus etc.«

Im Vordergrund steht hier also der sachliche Inhalt eines Phänomens, eng verbunden – zumindest bei von Menschen hergestellten Dingen – mit dem Zweck oder der Funktion des Gegenstandes.

Diese Form der Bedeutung, die für den Bereich der Architektur die Identifizierung von Gebäuden oder Gebäudeteilen und die Frage der Ablesbarkeit von Bauaufgaben betrifft, nennt man *referentielle* Bedeutung.

Rang

Aber die Bedeutung der Phänomene erschöpft sich nicht in ihrem sachlichen Inhalt. Wir fragen zwar: »Was bedeutet das?«, wenn uns ein unbekanntes Phänomen begegnet, aber wir stellen die gleiche Frage auch, wenn etwas ganz anderes gemeint ist: »Was bedeutet das – für uns?« »Ist es wichtig?« Wir reden von bedeutenden Staatsmännern, bedeutenden Ereignissen, bedeutsamen Handlungen; andererseits sind viele Dinge für uns »bedeutungslos«, nicht, weil sie keine referentielle Bedeutung besitzen, sondern weil sie – für uns – keinen *Wert* haben.

Bedeutung wird hier also zum Synonym für Wichtigkeit, Wertschätzung, für eine bestimmte Stellung innerhalb der Rangordnung der Dinge: bedeutend = wertvoll, bedeutungslos = wertlos. Daher werden auch Gebäude niemals nur identifiziert, sondern gleichzeitig auch bewertet, eingeordnet, in eine Rangbeziehung zu ihren Nachbarn (das schönste Haus am Platz) oder zu anderen Vertretern der jeweiligen Gattung gebracht. Und oft werden ein gut Teil der Energien von Bauherr und Architekt darauf verwendet, das eigene Gebäude auf einer möglichst hohen Position dieser Werteskala zu plazieren (das höchste Hochhaus, das prächtigste Schloß etc.).

Ausdruck
Eine weitere Facette des Bedeutungsbegriffes wird sichtbar, wenn man zum Beispiel das Olympiastadion von March aus dem Jahr 1936 in Berlin und das Olympiastadion von Behnisch aus dem Jahr 1980 in München miteinander vergleicht: Beide haben die gleiche Referenz (Sportstätte) und den gleichen Rang (Olympiastadion im Gegensatz zum Vereinssportplatz) – und strahlen trotzdem eine völlig unterschiedliche Bedeutung aus, vermitteln eine ganz andere Botschaft.

W. March, Olympiastadion Berlin, 1933

Günter Behnisch & Partner, Olympiastadion München, 1967–72

Obwohl beide Olympiastadien d gleiche Referenz haben, strahlen s trotzdem eine unterschiedliche Bedeu tung aus.

Bedeutung wird hier also zum Synonym für inhaltliche Aussage, Ausstrahlung, Botschaft, gefragt wird nicht nach dem »Was«, sondern nach dem »Wie«: Wie wird eine bestimmte Bauaufgabe durch den Architekten oder die Gesellschaft interpretiert, welche Bedeutung wird dieser Bauaufgabe zugemessen.

Relevanz, Sinn
Wenn man die Referenz-Frage »Was ist das? Was bedeutet das?« leicht umformuliert in: »Was soll das?«, wird sofort die letzte, aber nicht minder wichtige Facette des Bedeutungsbegriffes sichtbar: Formen, Äußerungen, Handlungen oder Ereignisse können auch deshalb bedeutungslos sein, weil sie – für uns – keinen Sinn ergeben. Oder sie sind gerade deshalb bedeutsam, relevant, weil es einen einleuchtenden Grund für ihr Vorhandensein gibt oder weil sie auf einen solchen Grund verweisen. Damit ergibt sich eine weitere, situationsbedingte Synonymie: bedeutungslos = sinnlos, bedeutsam = relevant. Diese Synonymie ist auch die Grundlage einer weitergehenden Frage, die gerade in der Architekturdiskussion immer wieder eine entscheidende Rolle spielt: »Warum so – und nicht anders?« Die Frage also nach der Nachvollziehbarkeit der architektonischen Ausdrucksform, die Frage nach der Beziehung zwischen Ausdruck und Inhalt, die Frage nach der Bedingtheit oder Beliebigkeit der architektonischen Form.

Die semantischen Strategien

Was aber kann der Architekt konkret tun, um die angeführten Formen der Bedeutung »anzusteuern«, welche Regeln, Mechanismen und Strategien stehen ihm zur Verfügung, um einem Betrachter eine zunächst einmal nur in seinem Kopf existierende Bedeutung zu übermitteln?

Prinzipiell lassen sich zwei übergeordnete und voneinander vollständig unabhängige Strategien der Bedeutungserzeugung unterscheiden:
1. die Anwendung und Manipulation vorhandener Codes;
2. die Herstellung und Anwendung von Oppositionssystemen.

Der Architekt kann also Bedeutung erzeugen, indem er auf die in der Gesellschaft vorhandenen oder im Laufe der Baugeschichte entstandenen Codes zurückgreift, durch die bestimmte Bedeutungen fest an bestimmte Formen geknüpft sind. Die Natur dieser Codes,

romanisches Fenster
gotisches Fenster
romanisches Fenster
griechischer Tempel

oder besser: die Tatsache, daß es sich hier tatsächlich um mehrere, voneinander unabhängige Codes handelt, die sich darüber hinaus von den Zeichencodes der gesprochenen Sprache grundlegend unterscheiden, wird Gegenstand der komponentiellen Semantik sein.

Die zweite semantische Strategie, das Herstellen von Oppositionen und Oppositionssystemen, ist weniger geläufig und wurde in der entsprechenden Literatur bisher noch nicht thematisiert, obwohl sie bei der Bedeutungserzeugung und bei der täglichen semantischen Arbeit des Architekten eine mindestens gleichrangige Rolle spielt. Der Architekt kann also die Größe, Lage, Form, materielle Beschaffenheit oder Gliederung von architektonischen Elementen *relativ* zu den anderen verändern und lediglich durch diese Maßnahme Bedeutungsunterschiede hervorrufen.

Durch die Herstellung von Oppositionen können Bedeutungsunterschiede hervorgerufen werden.

Dieser Vorgang ist völlig unabhängig von eventuell vorhandenen Codes. Wenn ein Betrachter ein rundes Fenster in einer Reihe von quadratischen Öffnungen sieht, zieht dies nicht nur automatisch seine Aufmerksamkeit auf sich, sondern diese Abweichung, diese bedeutsam! Hier existiert also, jenseits vorhandener Codes, ein weites Feld der Bedeutungserzeugung, auf dem der Architekt völlig autonom ist. Diese semantische Strategie wird im Abschnitt über die relationale Semantik behandelt.

KOMPONENTIELLE SEMANTIK

Der referentielle Code

Die semantischen Komponenten
Es gehört zu den entscheidenden Erkenntnissen der linguistischen Semantik, daß nicht nur die Ausdrucksseite des sprachlichen Zeichens sich in kleinere Einheiten (Silben, Laute, Buchstaben) zerlegen läßt (so wie sich z. B. eine architektonische Form in ihre einzelnen geometrischen Bestandteile zerlegen läßt), sondern daß auch die Inhaltsseite, also die Bedeutung der sprachlichen Symbole, aus kleineren Einheiten zusammengesetzt ist. Ein Beispiel: Was ist die Bedeutung des Wortes »Stuhl«? Eine Sitzgelegenheit, wird man vielleicht antworten. Aber das sind auch eine Bank oder ein Sofa. Also wird man präzisieren: eine Sitzgelegenheit für eine Person. Das wiederum sind aber auch ein Sessel oder ein Hocker. Schon ungeduldig, wird man zusammenfassen: eine Sitzgelegenheit, für eine Person, mit Rückenlehne, ungepolstert und mit Stuhlbeinen. Stuhlbeine? Gibt es nicht auch Stühle mit nur einem Bein, zum Beispiel Drehstühle, dafür aber mit fünf Füßen? Lassen sich alle Stühle drehen? Haben alle Stühle Füße? Und was ist mit den Armlehnen? Darf ein Stuhl Armlehnen haben, oder wird er dann schon zum Sessel?

Eine erstaunliche Tatsache: hinter einem so einfachen Wort wie »Stuhl« liegt in Wirklichkeit ein Bündel von inhaltlichen Einzelkomponenten verborgen. Jeder weiß zwar, was ein Stuhl ist, aber er weiß nicht – oder macht es sich zumindest nicht bewußt –, welche komplexe Inhaltsmatrix er eigentlich beherrscht, wenn er dieses Wort korrekt anwendet.

Komponentenstrukturen

Über diese Merkmals-Matrizen hinaus müssen jedoch in unserem Bewußtsein zusätzlich komplette Strukturmodelle gespeichert sein, die über die einfache Information hinaus: Merkmal vorhanden/nicht vorhanden, Aussagen über deren Anordnung und Anzahl enthalten.

rst die richtige Anordnung und Anzahl r Komponenten läßt uns die Zeich- ng als Gesicht entschlüsseln.

Richtige Komponenten
Falsche Anordnung

Richtige Komponenten
Falsche Anzahl

Im Laufe unserer Sozialisation wird also in unserem Bewußtsein nicht nur ein riesiges Merkmal-Speicherprogramm aufgebaut, sondern alle uns bekannten Phänomene werden in Form von Komponentenstrukturen abgelagert. Erst dieses Speicherprogramm aus Komponentenstrukturen ermöglicht es uns, die Bedeutung der uns umgebenden Phänomene mit ähnlich unbewußter Leichtigkeit zu entschlüsseln, wie es uns ein anderes, im Laufe unserer Sozialisation aufgebautes Speicherprogramm ermöglicht, ohne bewußte Anstrengung die komplexen Vorgänge des Gehens zu bewältigen.

Komponentenstruktur-Code

Das Code-System der Sprache, also die Möglichkeit, bestimmte Phänomene durch sprachliche Zeichen auszudrücken oder in der Kommunikation durch solche zu ersetzen, basiert also in Wirklichkeit auf einem hinter oder unter diesen Zeichen verborgenen Komponentenstruktur-Code, den jeder von uns mehr oder minder mühsam erlernen muß. Anders gesagt: durch den Prozeß der Spracherlernung wird verdeckt, daß wir gleichzeitig und in viel größerem Umfang etwas über die Welt lernen. Der Beweis: wir können jederzeit die Sprache, also ein bestimmtes Zeichensystem, wechseln, ohne daß unser Wissen um die Welt, die Rekonstruktion der Realität in unserem Bewußtsein dadurch Schaden nimmt. Wir müssen für die gleichen Bewußtseinsinhalte (Komponentenstrukturen) lediglich andere Zeichen, also einen neuen Code lernen.

Gleichzeitig haben wir aber mit der Aufdeckung des Komponentenstruktur-Codes auch die Antwort auf die Frage gefunden, wer oder was uns denn in die Lage versetzt, Dinge mit einer ganz bestimmten Bedeutung *neu* zu erzeugen! Und damit auch die Antwort auf die Frage, auf welchen Code der Architekt zurückgreifen kann oder muß, wenn er ein Gebilde konzipieren will, das nicht die

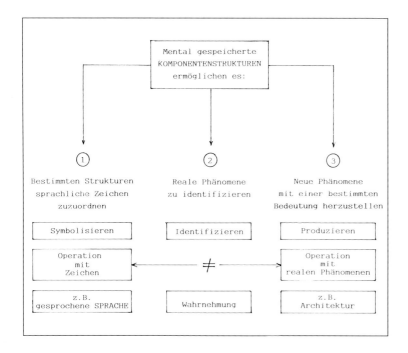

Bedeutung »Schiff« oder »Baum« oder »Registrierkasse« vermittelt, sondern die Bedeutung »Haus«. Und auch hier nicht irgendein Haus, sondern zum Beispiel ein Wohnhaus, und noch spezieller: eine Villa im Stil des Neuen Bauens. Er kann das, indem er bestimmte Komponenten solange arrangiert und strukturiert, bis sie exakt dem Strukturmodell »20er-Jahre-Villa« entsprechen: Das Herstellen einer bestimmten Bedeutung ist identisch mit der jeweils entsprechenden Komponentenstruktur!

Die semantischen Variablen

Solche Komponentenstrukturen, die jeder referentiellen Bedeutung zugrunde liegen, sind ihrer Natur nach allerdings immer Abstraktionen. Auch Wörter bezeichnen ja keineswegs konkrete Gegenstände, sondern abstrakte Begriffe: Unter dem Wort »Stuhl« lassen sich unendlich viele reale Stühle subsummieren, die sich in Form, Material, Farbigkeit, Größe etc. beträchtlich voneinander unterscheiden können. Ebenso gibt es so viele Variationen des menschlichen Gesichts wie es Menschen gibt, obwohl allen diesen Varianten das gleiche Strukturmodell »Gesicht« zugrunde liegt.

Es bedarf daher besonderer Verfahren, um überhaupt von dem abstrakten Begriff, der Komponentenstruktur, zur Kennzeichnung eines einzelnen, konkreten, realen Objekts zu gelangen. In der Linguistik werden diese Verfahren unter den Stichworten Deixis (»mein« Stuhl, der Stuhl »dort«), Verwendung von Eigennamen (der »Corbusier-Stuhl«) und Kennzeichnung (der Stuhl meines Großvaters) abgehandelt. Das gleiche Problem stellt sich aber auch in der Architektursemantik: Es gibt nur eine Komponentenstruktur »Fenster«, aber es gibt unendlich viele reale Erscheinungsformen von Fenstern. Dieser Sachverhalt läßt sich auch positiv formulieren: Die Komponentenstruktur »Fenster« (oder auch »Dach«, »Turm«, »Erker« etc.) läßt dem Architekten beträchtliche Spielräume, die er ausnutzen kann, ohne die Bedeutung »Fenster« zu verfehlen. Solange er gewisse Strukturmerkmale einhält, z. B.:

Strukturmerkmale »Fenster«

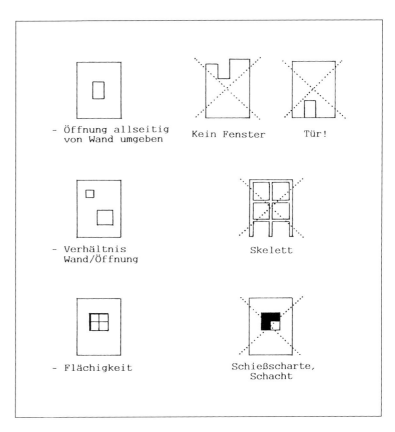

kann er mit Hilfe der sogenannten semantischen Variablen jede beliebige Variante erzeugen.

Diese semantischen Variablen sind:

1. GRÖSSE

a) z. B. Badfenster
b) z. B. Wohnzimmerfenster

2. FORM

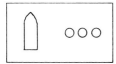

a) z. B. gotisches Fenster
b) z. B. Bullauge

3. MATERIAL, KONSTRUKTION

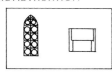

a) z. B. farbiges Bleiglas
b) z. B. Schiebefenster

4. GLIEDERUNG

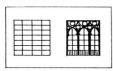

a) z. B. japanisches Fenster
b) z. B. venezianisches Fenster

5. LAGE

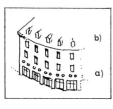

a) z. B. Oberlicht
b) z. B. Dachfenster

Mit jeder Festlegung innerhalb der semantischen Variablen ist gleichzeitig eine Konkretisierung der Bedeutung verbunden. Der Architekt bestimmt zwar nicht, wann ein Phänomen ein Fenster ist (das ist in der Komponentenstruktur festgelegt), aber er bestimmt, welches Fenster mit welcher speziellen Bedeutung er für seinen Entwurf verwenden will.

Indem er sich jeweils auf eine bestimmte Lage, eine spezifische Form, ein konkretes Material, eine definierte Größe und eine bestimmte Gliederung festlegt, vollzieht er nicht nur den Schritt von dem abstrakten Strukturmodell zu einem konkreten singulären

Fenster-Variationen in der Südlichen Friedrichstadt, IBA, Berlin

Fenster, sondern erweitert und konkretisiert gleichzeitig die allgemeine, unspezifizierte Bedeutung »Fenster« in Richtung auf die von ihm genau für dieses spezielle Fenster gewünschte Aussage.

Komponentenstruktur-Code und Repertoire

So entsteht im Laufe der Architekturgeschichte durch immer neue singuläre Konkretisierungen der Strukturmodelle ein ständig sich erweiterndes Repertoire von Einzeläußerungen, das zu jedem Zeitpunkt genau die Summe dessen umfaßt, was bis dahin an Einzelelementen wie auch an fertigen Gebäuden realisiert wurde. Gleichzeitig verdoppeln sich damit jedoch die Möglichkeiten referentieller Bedeutungsvermittlung: Einerseits ist der Architekt – wie der Betrachter – im Besitz von Komponentenstrukturen und kennt deren jeweilige Spielräume und Grenzen – verfügt also über einen Komponentenstruktur-Code; andererseits kann er auf ein fast unüberschaubar großes Repertoire bereits fertiger Lösungen zurückgreifen, durch das die meisten Positionen innerhalb der Komponentenstrukturen bereits besetzt sind.

Letzteres hat nicht nur Vorteile. Jeder, der entwirft, weiß, daß er bei seiner Suche nach der passenden Ausdrucksform ständig auf solche schon fixierten Lösungen trifft, die er dann verwerfen muß; nicht, weil sie keine Lösungen der angestrebten Komponentenstruktur darstellen, sondern weil sie entweder zusätzliche Bedeutungsinhalte transportieren, die er ablehnt (historische, stilistische etc.) oder weil er nicht einfach kopieren oder zitieren will. Vollständige Plagiate bleiben daher eine seltene Ausnahme, während natürlich das Auftauchen von Ähnlichkeiten, Anspielungen oder Teilzitaten schon fast den Normalfall darstellt, denn es ist für den Architekten unmöglich, die vorhandenen Bilder vollständig auszublenden.

Komponentenstruktur-Code und Repertoire stellen also jeweils unterschiedliche Antworten auf die Referenz-Frage: »Was ist das?« bereit.

Sie spiegeln damit das Verhältnis von Langue und Parole wider, wie es im ersten Kapitel beschrieben wurde, aber auch die diesem Verhältnis innewohnende Dialektik: Die ständige Produktion von Einzeläußerungen erzeugt in Form des »kleinsten gemeinsamen Nenners« eine Komponentenstruktur, die dann wiederum zur Grundlage der weiteren Repertoire-Varianten wird.

Komponentenstruktur-Code	Repertoire
- Das ist eine Villa	- Das ist die Villa Rotonda
- Das ist ein griech. Tempel	- Das ist der Parthenon
- Das ist Bauhaus-Architektur	- Das ist die Weißenhof-Siedlung
-	-
-	-

Referentielle Strategien

Im Rahmen der Vermittlung referentieller Bedeutung ist damit allerdings nur der theoretische Idealfall geschildert: Es gibt Komponentenstrukturen für alle Einzelfunktionen wie auch für alle Bauaufgaben, wie zum Beispiel für »Das Rathaus«, »Die Kirche« usw., deren Kenntnis einerseits die Architekten in die Lage versetzt, ein Gebäude mit einer entsprechenden Bedeutung zu entwerfen, und andererseits die Betrachter befähigt, dieses Phänomen als solches zu entschlüsseln. Und es gibt ausreichend semantische Spielräume, die eine Fülle von Speziallösungen und damit auch Einzelbedeutungen ermöglichen wie zum Beispiel »Der Mailänder Dom«, »Das Hamburger Rathaus« etc.

Aber solche Idealzustände finden sich nur auf dem Höhepunkt funktionierender Baustile und auch dort nur für einen gewissen Zeitraum. Denn zum einen ist irgendwann der durch die Komponentenstrukturen gezogene Lösungsraum ausgeschöpft und es tritt ein gewisser Leerlauf ein, aus dem die Architekten durch Überschreitung der bisher anerkannten Strukturmodelle auszubrechen versuchen; zum anderen entwickeln sich die Inhalte der Bauaufgaben weiter oder verändern sich sogar abrupt, so daß neue Lösungsmuster notwendig werden, die dann aber noch nicht codifiziert sind, für die also noch keine Bedeutungszuordnungen vorliegen. In solchen Fällen stehen dem Architekten zwei Handlungsstrategien offen:

1. Er entwickelt eine neue Komponentenstruktur ohne Rücksicht darauf, daß deren Bedeutung dem Betrachter unbekannt ist, und vertraut darauf, daß dieser sie über kurz oder lang erlernen wird. Am bekanntesten sind vielleicht in diesem Zusammenhang die fünf Punkte von Le Corbusier, die die strukturellen Komponenten einer neuen Bauweise umreißen sollten.

1. Das Haus auf Säulen

3. Der freie Grundriß

5. Das lange Fenster

2. Die Dachgärten

4. Die freie Fassade

Die fünf Punkte von Le Corbusier sollen die strukturellen Komponenten einer neuen Bauweise umreißen.

2. Er weicht auf Strukturmerkmale aus – oder fügt sie zusätzlich ein –, deren Bedeutung aus einem anderen Zusammenhang bekannt ist:

(28) *Le Corbusier 1910–65*; Verlag für Architektur, Zürich 1967, S. 44.

Der Architekt übernimmt bekannte Strukturmerkmale anderer Bauaufgaben:

Charlottenburger Schloß, Berlin;
Berliner Mietshaus

Schloßbau/Bürgerhaus

Pantheon, Rom

Villa Bauer, Hamburg

Kirchenbau/Villenbau

Botanischer Garten, Berlin

Thomas Herzog, Solar-Wohnanlage in München

Gewächshaus/Wohnungsbau

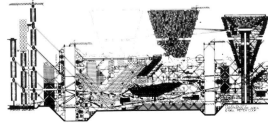

Raffinerie

Archigramm, Stadtutopien

Ingenieurbau/Stadtutopien

– Der Architekt übernimmt bekannte Strukturmerkmale anderer Regionen:

Matera, Süditalien

A. Loos, Haus Scheu, Wien 1912, Modell

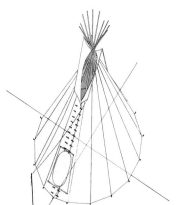

Tipi Ba Nag, Berberzelt

Günter Behnisch & Partner, Olympiastadion, München

– Der Architekt übernimmt bekannte Strukturmerkmale aus architekturfremden Bereichen der Gegenstandswelt:

Kosmologie

Globus

Boullée, Kenotaph für Newton

Natur

Felsenlandschaft

Gottfried Böhm, Kirche in Neviges

Malerei

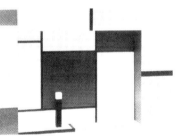
Piet Mondrian, L'Ephemére est éternel, 1926

Gerrit Rietfeld, Haus in Utrecht

Zoologie
Maschinenbau

Eliel Saarinen, Kennedy-Airport

Renzo Piano/Richard Rogers, Centre Pompidou, Paris

Richard Meier, Haus Douglas

Die zentralen Tierversuchslaboratorie FU Berlin

– Schiffsbau
– Militär

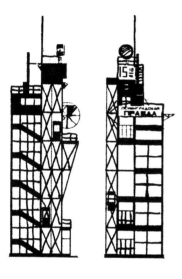
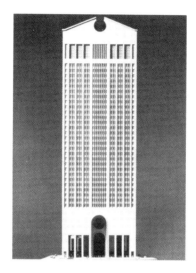

Alexander Wessnin, Haus der Prawd 1924

Phillip Johnson, Wolkenkratzer, USA

– Bergbau
– Möbelproduktion

Die Möglichkeiten des Architekten, referentielle Bedeutung zu vermitteln, das heißt Strukturelemente in seinen Entwurf zu integrieren, die beim Betrachter eine bestimmte Bedeutung evozieren, sind letztlich unbegrenzt.

Die Faszination ist groß, die von einer solcherart semantischen Arbeit, also dem Einfügen, Verknüpfen, Verweben immer neuer Komponentenstrukturen und dem Erzeugen eines immer komplexeren Bedeutungsgefüges ausgehen kann, auch wenn diesem Vorgang nichts »Mystisches« oder »Metaphorisches« (Charles Jencks) anhaftet, sondern er sich präzise auf das Erzeugen entsprechender Strukturmerkmale zurückführen läßt.

Inwieweit allerdings die so erzeugten Bedeutungen jeweils sinnvoll sind oder sogar zur Bedeutungsverwirrung oder Desinformation beitragen, ist eine andere Frage, die im Rahmen des Relevanz-Kapitels erörtert wird.

Bernard Tschumi, Wettbewerbsentwurf für die Erweiterung der Amerika-Gedenkbibliothek, Berlin, 1989

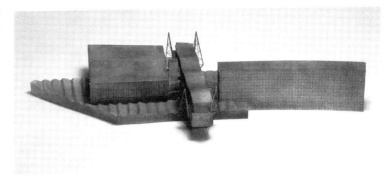

»bücherfressende »Heuschrecke?«

Werte-Code

Von einem Werte-Code zu sprechen setzt voraus, daß nicht nur die Referenz, sondern auch der Rang eines Gebäudes vom Architekten zielgerichtet erzeugt und vom Betrachter entsprechend entschlüsselt werden kann; daß also verbindliche Regeln existieren, die der Architekt einsetzen kann, um die von ihm gewünschte Rangbedeutung zu vermitteln.

Grundlage dieser These ist die Beobachtung, daß die Varianten, die durch die semantischen Variablen Lage, Größe, Form, Material und Gliederung erzeugt werden können, durchaus nicht gleichrangig oder wertneutral sind, sondern daß an diese Varianten jeweils spezifische Rangbedeutungen geknüpft sind – und zwar mit erstaunlicher Konstanz, was eine der Voraussetzungen für das Funktionieren eines Codes ist.

Lage

Eine besondere Lage im Stadtraum war jahrtausendelang ein eindeutiges semantisches Merkmal für die Bedeutung eines Gebäudes. Kirchen, Schlösser, Burgen, Rathäuser gewannen den Hinweischarakter auf ihre spezielle gesellschaftliche Rolle unter anderem aus dem Kontrast zu der Homogenität der umliegenden Wohnbebauung, aus ihrer räumlichen Hervorgehobenheit oder Isolation, sei es auf der Spitze eines Berges, im Zentrum der Stadt, in der Mitte eines großen Platzes oder in der Abgeschiedenheit eines Parks.

Selbst auf der Ebene des Einfamilienhauses begründet die isolierte Lage, das vollständige Umgebensein von Freiraum (und sei er noch so klein) die wertmäßige Abgrenzung zum Reihenhaus, auch in den Fällen, in denen sich beide Häuser ansonsten weder in Form, Größe oder Nutzung voneinander unterscheiden, und gerade heute spricht man bei einer bestimmten räumlichen Anordnung von Wohngebäuden wieder von Stadtvillen, obwohl es sich um ganz normale Mehrfamilienhäuser handelt: Ein gutes Beispiel sowohl für die Beharrlichkeit wie auch für den möglichen Mißbrauch solcher semantischen Bindungen.

Die allgemeine semantische Regel: besondere Lage = besondere Bedeutung, die dem Stadtbewohner neben anderen Hinweisen das Lesen und Interpretieren seiner städtischen Umwelt erleichterte, wurde, soweit es die Grundstückssituation zuließ, im 18. und 19. Jahrhundert auch auf andere öffentliche Institutionen von hohem gesellschaftlichem Rang wie Opernhaus, Museum, Theater, Universität, Gericht, Bahnhof angewandt. Erst die städtebauliche Ideologie des Neuen Bauens setzte diese Regel außer Kraft, indem sie den Solitär, sei es als Hochhaus, Zeile oder Einzelhaus, zum städtebaulichen Grundprinzip erhob und damit den bedeutungskonstituierenden Gegensatz zwischen Homogenität und räumlicher Hervorgehobenheit auflöste.

Innerhalb des einzelnen Gebäudes ist die Bedeutung eines Raumes ebenfalls oft durch Konventionen an seine Lage gekoppelt. In der Regel befinden sich die wichtigsten Räume größerer Gebäude im Zentrum oder auf der Symmetrieachse, die Nebenräume an der Peripherie oder im hinteren Bereich; eine ähnliche Rangfolge lag und liegt der vertikalen Organisation zugrunde (Beletage, Dachkammer). In modernen Großstädten, wo Autolärm, Abgase und Verschattung die unteren Etagen unattraktiv machen und außerdem durch das Hilfsmittel des Aufzuges die Überwindung großer Höhendifferenzen keine Beeinträchtigung mehr darstellt, kann umgekehrt die Lage im obersten Stockwerk (Direktionsetage) oder auf dem Dach (Penthouse) zum Statussymbol werden.

Größe, Maßstab

Wie der unterschiedlichen Lage waren auch den Größenunterschieden von Gebäuden bis zum Beginn unseres Jahrhunderts eindeutige Rangunterschiede zugeordnet. Der vereinfachte semantische Code lautete hier: je größer, desto bedeutender, und mit Hilfe einer verinnerlichten gesellschaftlichen Werteskala konnte auch ein ortsfremder Betrachter die Bedeutung der Gebäude mit einiger Sicherheit nach ihrer Größe einschätzen und in eine Rangordnung bringen: Schloß, Kirche, Adelssitz; öffentliche Gebäude; Kaufmannshäuser, Handwerkshäuser, Arbeiterhäuser, Hütten.

Denkt man weiterhin an den Wolkenkratzer-Wettlauf in den USA (und in den anderen Metropolen), so könnte die Vermutung erlaubt sein, daß es sich bei der semantischen Regel, Bedeutung durch Größe auszudrücken, um eine archetypische Konstante handelt. Die Erbauer dieser Wolkenkratzer sind allerdings nicht mehr die Herrscher oder führenden Repräsentanten des Landes, sondern in der Regel Banken, Versicherungen oder internationale Konzerne und man kann diese Tatsache als weitere Ursache für die semantische Verwirrung unserer heutigen städtischen Umwelt ansehen; man kann dieses Phänomen aber auch umgekehrt als exakte Bestätigung dieser semantischen Regel interpretieren, indem dadurch klarer als in jeder offiziellen Lesart zum Ausdruck kommt, daß Banken und internationale Konzerne längst die eigentlichen Machtfaktoren in unserer Gesellschaft geworden sind.

Unvereinbar mit dieser semantischen Regel ist jedoch in jedem Fall das Vorgehen des funktionalistischen Städtebaus, das unter anderem dazu geführt hat, daß heute in vielen kleineren Städten die größten Gebäude »banale« Wohnhochhäuser sind, während sich die öffentlichen Einrichtungen hinter Fachwerkfassaden verstecken.

Das Wort »banal« im Zusammenhang mit den Wohnhochhäusern impliziert dabei keine ästhetische Wertung, sondern wird hier nur benutzt, um ein gewisses Gefühl semantischer Leere zum Ausdruck zu bringen, das sich unwillkürlich einstellt, wenn ein so großes Gebäude tatsächlich keine weitergehende Bedeutung vermittelt als die bloße quantitative Anhäufung anonymer Wohneinheiten.

Material

Auch für den Einsatz von Materialien galt und gilt teilweise bis heute das gleiche semantische Schema: je wertvoller das eingesetzte Material, desto größer die Bedeutung des Gebäudes, desto höher sein Rang in der Hierarchie. Besonders galt dies für Marmor, dessen Verwendung eine Zeitlang bedeutungsgleich mit den Bauaufgaben Tempel, Kirche, Herrschaftssitz war.

Wenn man sich die in den letzten zehn Jahren auf Hochglanz gebrachten Einkaufszentren und City-Bereiche der Großstädte ansieht, ist eine Renaissance dieses immer noch funktionierenden semantischen Codes unübersehbar, nachdem in den Jahrzehnten davor die Materialien fast ausschließlich nach ihrer konstruktiven Tauglichkeit ausgewählt worden waren.

Natürlich kann es bei manchen Materialien auch – historisch bedingte – Schwankungen in der Rangzuordnung geben. Holz zum Beispiel, lange Zeit als Baustoff ein Armutszeugnis, erlangte in den letzten Jahren im Zuge des ökologischen Bauens eine neue, ranghöhere Bedeutung und wird zum Zeichen für natürliches, gesundes, biologisches Bauen; während der Beton, in den 50er Jahren noch begeistert als Baustoff der Zukunft gepriesen, inzwischen in der Rangordnung der Baustoffe hoffnungslos abgeschlagen ist.

Form

Daß die Variablen Lage, Größe und Materialeinsatz eine Rangordnung unter den Gebäuden herstellen können, ergibt sich fast zwangsläufig aus der Tatsache, daß der Erwerb eines großen Grundstücks, die Errichtung eines großen Hauses oder der Einsatz wertvoller Materialien jeweils an das Vorhandensein beträchtlicher finanzieller Mittel gebunden ist, und der Besitz solcher Mittel ist wiederum gleichbedeutend mit einer hohen gesellschaftlichen Stellung.

Die Form hingegen ist nicht in solcher Weise determiniert. Die einzigen Bauformen, mit denen durch die Baugeschichte hindurch per se ein hoher Rang verknüpft war und die deshalb umgekehrt auch von Architekten zu diesem Zweck semantisch eingesetzt wurden, sind der Turm und die Kuppel. Dabei gewann die Kuppel, jedenfalls die mit sehr großem Durchmesser, ihren besonderen Wert aus der konstruktiven Problematik, die ihre Verwendung für normale Bauaufgaben ausschloß. Das Pantheon in Rom, das Taj Mahal, die Hagia Sophia, die Kuppel des Domes zu Florenz oder die von St. Peter in Rom sind jeweils Meisterleistungen der Ingenieurkunst *und* der Architektur. Werterzeugend ist allerdings auch die durch keine andere Maßnahme zu erreichende räumliche Wirkung im Inneren, letztlich vielleicht auch die ikonische Übernahme von Merkmalen des Firmaments.

Die Bauform des Turmes erhält ihren Wert aus der auch heute noch nachvollziehbaren Sensation, sich über das Gewirr der Straßen und Gebäude erheben zu können, im wörtlichen wie im übertragenen Sinne. Ebenso auszeichnend ist die Sichtbarkeit aus weiter Ferne, die die Türme zum Wahrzeichen einer Stadt machte und bis heute macht (Skyline von San Gimigniano oder von New York).

Von diesen besonderen Bauformen abgesehen, ist es sehr schwer und wird es sehr schnell ideologisch, einer quadratischen, runden, rechteckigen, linearen, gekrümmten, geschachtelten, geschwungenen Bauform einen Wert an sich, einen Rang zuzuordnen.

Gliederung

Man stelle sich den Dom von Siena vor ohne die überwältigende Fülle der Oberflächenstrukturierung, -akzentuierung, Detailgliederung: eine herausgehobene Lage, dominante Größe, signifikante Form, kostbares Material – und trotzdem wäre er fast ein modernes Gebäude. Es gibt gerade in Italien eine Vielzahl von Bauten aus den 20er, 30er, 50er und 60er Jahren, bei denen die Sprache der

Architektur in dieser Form eingesetzt wurde und die dann merkwürdig reduziert, kahl und leer wirken; manchmal klobig, oft banal und fast immer armselig im Vergleich zu dem Gestaltungsreichtum ihrer historischen Vorbilder. Die Formulierung, daß ein Gebäude »reich« gegliedert ist, verrät schon die semantische Formel: je stärker die Gliederung, Akzentuierung, Verzierung, desto größer ist die Bedeutung, desto höher der Rang. Dabei muß einschränkend bemerkt werden, daß auf Zeiten überquellenden Gliederungsreichtums immer Gegenbewegungen folgten, die eine Zurückführung der Sprache auf klare Grundformen vollzogen. Daraus resultierte jedoch keineswegs ein Verzicht auf Akzentuierung und Gliederung, die Formensprache wurde nur von Verkrustungen gereinigt. Das schlichte Weglassen von Detailgliederung und Akzentuierung blieb vielmehr den gedankenlosen Vollstreckern funktionalistischer Ideologie vorbehalten, die dadurch die vielfältigen Ansätze des Neuen Bauens auf den kleinsten gemeinsamen Nenner reduzierten und zu einer beispiellosen Verarmung und Ent»wertung« der Architektur beitrugen.

Zusammenfassung

Wenn man berücksichtigt, daß die einzeln diskutierten semantischen Variablen in Wirklichkeit immer zusammenwirken und daß sich dadurch die Gesamtwirkung potenzieren läßt, liegen die Mechanismen der Bedeutungsvermittlung zum Beispiel innerhalb einer mittelalterlichen Stadt auf einmal mit erstaunlicher Klarheit und Widerspruchsfreiheit vor uns. Wir können nachvollziehen, mit welcher Eindeutigkeit zum Beispiel eine Kirche die Botschaft ihrer herrschenden gesellschaftlichen Stellung ausstrahlte, indem ihre Erbauer sozusagen alle Register zogen: zentrale, herausgehobene Lage, dominierende Größe, prägnante Form, kostbare Materialien und reiche Akzentuierung, Gliederung und Detaillierung. Wir können weiterhin nachvollziehen, wie sich auch die anderen gesellschaftli-

s Beispiel der Stadtansicht von Re-
nsburg zeigt, wie die semantischen Va-
blen zur Bedeutungsvermittlung ein-
setzt werden können.

chen Gruppierungen konform zu diesen Spielregeln verhielten und ihre Gebäude innerhalb einer sorgfältig differenzierten und abgestuften semantischen Skala errichteten, die mit ihrer gesellschaftlichen Bedeutung übereinstimmte, so daß auch ein Besucher aus einer fremden Stadt sich ohne Schwierigkeiten zurechtfinden konnte.

Genauso deutlich wird jedoch, wie tief und wie weit die Revolution der 20er Jahre tatsächlich ging: Es handelte sich keineswegs nur um den Austausch des referentiellen Codes, um die Einführung neuer, bisher unbekannter Vokabeln (was ein noch relativ normaler Vorgang in der Baugeschichte ist), sondern um die Ablösung eines grundlegenden Wertesystems, um die radikale Zerstörung einer feingliedrigen, differenzierten, allgemein verinnerlichten und insofern codifizierten Struktur von Rangbedeutungen und -abstufungen, deren Wichtigkeit für die Lesbarkeit und Nachvollziehbarkeit unserer städtischen Umwelt erst evident wurde, nachdem sie eliminiert war und es den Architekten bis heute nicht gelungen ist, ein anderes, aber ähnlich abgestimmtes, koordiniertes und in sich schlüssiges Wertesystem an seine Stelle zu setzen.

Ausdrucks-Code

Wenn sich ein Architekt vorgenommen hat, ein »einladendes« Bürgerhaus, eine »elegante« Boutique oder ein »dynamisches« Sportzentrum zu entwerfen, und die überwiegende Mehrzahl der Betrachter, die von diesen Intentionen ja nie etwas erfahren hat, assoziiert später mit dem realisierten Gebäude tatsächlich genau diese Eigenschaften, so müssen beide – Architekt und Betrachter – über den gleichen Satz von Regeln verfügt haben, die eine bestimmte Bedeutung einem bestimmten Arrangement von Komponenten zuordnen – also über einen Code.

Die Natur dieses Codes ist allerdings noch wenig erforscht, obwohl er gerade auch in den Bereichen Innenarchitektur und Möbeldesign ständig und mit Selbstverständlichkeit angewandt wird. Fest steht lediglich, daß dieser Code keine Phänomene und deren Entschlüsselung zum Gegenstand hat, sondern eine begrenzte Anzahl von Eigenschaftswörtern mit besonderen Qualitäten. Ein wichtiger Hinweis auf die Natur dieser Qualität findet sich bei Hans Sedlmayr, der von »transponierbaren« Eigenschaftswörtern spricht: »Rot zum Beispiel kann man nur von einer Farbe aussagen. »Weich« aber kann eine Farbe, eine Beleuchtung, eine Form, ein Werkstoff, eine Art ihn zu behandeln, kann eine Linie, ein Gewand, ein Körper, ein Gesicht, ein Gesichtsausdruck, eine Geste, ein Seelisches sein.«[29] Es geht also um bestimmte Charaktereigenschaften oder Ausdrucksqualitäten, die in der Lage sind, alle Einflußgrößen – und das heißt für den Bereich der Architektur wie-

[29] Sedlmayr, H.: Kunst und Wahrhe Hamburg, Rowohlt, 1958. S. 97.

derum: alle semantischen Variablen – gleichermaßen zu durchdringen oder sich in ihnen widerzuspiegeln: »Abweisend«, »einschüchternd« zum Beispiel kann die Lage oder die räumliche Organisation eines Gebäudes sein, aber auch seine Größe, seine Form, die eingesetzten Materialien und Farben oder die Art und Weise seiner Gliederung; »glatt« hingegen bezeichnet lediglich eine Materialeigenschaft, »rund« ein formales Charakteristikum. Entscheidendes Kriterium für die Zugehörigkeit solcher Eigenschaftswörter zum Ausdrucks-Code ist daher deren Fähigkeit zur »Gleichrichtung« *aller* semantischen Variablen.

Corbusier, Wallfahrtskirche, Ronamp

schwer, lastend, erdverbunden

dwig Mies van der Rohe: Nationalgalerie, Berlin

leicht, schwebend, entmaterialisiert

Tadao Ando, Wohnhaus in Koshino

– ernst, streng

Günter Behnisch & Partner, Herbe Keller-Haus, Stuttgart

– freundlich, heiter

Walter Gropius, Wohnhäuser
– technisch, rational, funktional

Palazzo Strozzi, Florenz
– abweisend, einschüchternd, verschlossen

Friedensreich Hundertwasser, Wohnhäuser in Wien
– lyrisch, poetisch

Günter Behnisch & Partner, Zentralbibliothek der Universität Eichstätt
– einladend, ermunternd, offen

Palazzo Rucellai-Alberti, Florenz

S. Carlo alle Quattro Fontane, Rom

– ruhig/bewegt

Bruno Reichlin/Fabio Reinhard: C(
Tonini in Torricella, 1974

Hans Scharoun, Wohnheim in Bresl(

– statisch, dynamisch

Relevanz
Die Existenz von Referenz-, Wert- und Ausdrucks-Codes schafft nicht nur die Möglichkeit, Komponentenstrukturen und semantische Variable in Richtung auf bestimmte codierte Bedeutungen hin zu manipulieren – sie schafft gleichzeitig die Möglichkeit vielfältigen Mißbrauchs. Oder etwas salopper formuliert: den Codes ist es völlig gleichgültig, wie sie angewandt werden und ob ihre Anwendung in

Ricardo Bofill, Les Arcades du Lac

Kähler, G.: *Wohnung und Stadt. Hamburg – Frankfurt – Wien. Modelle sozialen Wohnens in den zwanziger Jahren.* Braunschweig/Wiesbaden 1985.

einem bestimmten Zusammenhang überhaupt sinnvoll ist; sie funktionieren unabhängig davon. Alle semantischen Bemühungen und routinierten Anwendungen der Codes zielen daher ins Leere, wenn es dem Architekten nicht gelingt, eine nachvollziehbare Beziehung zwischen der erzeugten Bedeutung und dem Gebäudeinhalt beziehungsweise der Bauaufgabe selbst herzustellen. Das gilt für Referenz, Rang und Ausdruck gleichermaßen.

a) Referenz: Wenn beispielsweise das Pantheon in seiner räumlichen Ausdehnung die Form der Erde oder auch des Weltalls nachbildet und dadurch auf die pantheistische Philosophie seines Erbauers hinweist, so ist dieser Zusammenhang zwar kompliziert, aber prinzipiell nachvollziehbar und entschlüsselbar; wenn Le Corbusier Komponenten der Schiffsarchitektur in seine Gebäude integriert, so verweist dies auf vom Verfasser gewollte inhaltliche Bezüge des Gebäudes auf eine bestimmte Ideologie; wenn hingegen Philip Johnson einem Hochhaus die Form einer Chippendale-Kommode gibt, so wird dem Gebäude ein Merkmal aufgeprägt, das von diesem weg auf einen nicht mehr sinnvoll zu verknüpfenden Gegenstandsbereich verweist und damit zu einem Mittel der Desinformation wird. (Es sei denn, Johnson möchte das Gebäude als überdimensionales Straßenmöbel verstanden wissen.)

b) Rang: Wenn Palladio gewisse Komponenten der römischen Repräsentationsarchitektur sowohl für seine Kirchenbauten wie auch für die Villenbauten der venezianischen Aristokratie übernahm, so kann dies als ein Zeichen der Angleichung kirchlicher und weltlicher Macht im 16. Jahrhundert gelesen werden; wenn das aufstrebende Bürgertum des 19. Jahrhunderts, dessen Häuser sich bis dahin von den Schlössern und Palais' der Adligen durch schlichtes Äußeres eindeutig unterschieden, mit zunehmendem Reichtum begann, die äußeren Merkmale der Prachtentfaltung (Marmor, Stuck, Figurenschmuck) für ihre eigenen Gebäude zu übernehmen, so war dies ein klares Zeichen dafür, daß ihre gesellschaftliche Bedeutung die des Adels abzulösen im Begriff war; und wenn die Wiener Arbeitersiedlungen des 20. Jahrhunderts (Karl-Marx-Hof etc.) durch ihre Größenordnung und städtebauliche Anlage auf das nahe gelegene Schloß Schönbrunn verwiesen[30], war die implizierte Aussage für die Bevölkerung durchaus nachvollziehbar.

Wenn jedoch die äußeren Merkmale einer Stadtvilla des 19. Jahrhunderts oder, noch extremer, wie bei Bofill, die Insignien einer Schloßarchitektur (Versailles) einem Konglomerat ganz normaler Mietwohnungen aufgeprägt werden, zielt der Verweis erneut ins Leere und erzeugt angesichts der realen gesellschaftlichen Verhältnisse gegen Ende des 20. Jahrhunderts lediglich ein absurdes Bühnenbild.

c) Ausdruck: Wenn schließlich die Palazzi mittelalterlicher Städte in Italien besonders in den Erdgeschoßzonen ein düsteres, drohendes, abweisendes Äußeres zur Schau stellten, war dies ein klarer Ausdruck der Machtverhältnisse, der Machtkämpfe und des tiefen

Grabens zwischen Herrschenden und Volk; wenn mit Versailles und Ludwig XIV. die Schlösser ihren Festungscharakter aufgaben und sich offen in die Landschaft lagerten, deutete dies sowohl auf eine (kurzfristige) Machtkonsolidierung wie auch auf eine veränderte Technik der Kriegsführung hin; und als Mies van der Rohe mit dem Barcelona Pavillon den »fließenden« Raum kreierte und damit die Grenzen zwischen Innen und Außen endgültig aufhob, symbolisierte dies nicht nur den Wegfall der Bedrohung durch äußere Feinde, sondern auch die Überwindung bisheriger konstruktiver und klimatischer Einschränkungen durch die neuen Technologien, kurz: ein neues Verhältnis zwischen Mensch und Umwelt.

Wenn dagegen heute mancher in strenger rationalistischer Manier entworfene Wohnkomplex nur noch den spröden Charme einer Nekropole ausstrahlt, so läßt sich dies wesentlich schwerer als Ausdruck gesellschaftlichen Fortschritts interpretieren. Man könnte sogar meinen, daß hier dem Ausdruck des seelischen Innenlebens des Architekten der Vorrang vor Aussagen über den Inhalt der Bauaufgabe gegeben wird.

RELATIONALE SEMANTIK

Es gibt nur wenige Gebäude oder Bauaufgaben, die vollständig auf innere Differenzierung und individuelle Ausprägung verzichten können: vielleicht bestimmte Fabrikationsstätten, Lagerhallen oder Parkhäuser. In der Regel aber verfügen die einzelnen Gebäude entsprechend ihrer Funktion und ihrer jeweils unterschiedlichen Vorgaben über eine mehr oder minder ausgeprägte Binnen- sowie Eigenstruktur: Da gibt es – in wechselnden und immer neuen Kombinationen – größere und kleinere Räume, wichtige und weniger wichtige, dienende und bediente Räume, Nutz- und Verkehrsflächen, zentrale und periphere Bereiche – kurz, eine komplexe räumlich-funktionale Struktur, die Ausdruck eines gleichermaßen komplexen Bedeutungsgefüges ist.

Allerdings ist dieses Bedeutungsgefüge für den außenstehenden Betrachter nicht ohne weiteres ablesbar. Der Architekt hat sogar prinzipiell die Möglichkeit, eine solche Visualisierung zu verhindern, indem er zum Beispiel eine neutrale Hülle über das Innenleben des Gebäudes stülpt. Dieses Vorgehen war in den letzten Jahrzehnten sogar weit verbreitet. Aber was anfangs durchaus seinen besonderen Reiz hatte und gerade die Neugier des Betrachters erwecken konnte, führte – massenhaft angewandt – sehr schnell zu der allgemein bekannten semantischen Leere und Informationsarmut unserer Städte und wurde zum Synonym für die Sprachlosigkeit moderner Architektur.

Norman Foster, Willis, Faber + Dumas,
Ipswich, England

Die beiden Extreme in einer Fassade vereint: tagsüber Verhüllung durch Spiegelwand, nachts vollständige Transparenz.

Gerade unter diesen Umständen kommt der relationalen Semantik, die sich mit den Mitteln und Möglichkeiten befaßt, inhaltliche Bedeutungswechsel und -unterschiede zu visualisieren und damit das jeweilige Gebäude in seiner ganz spezifischen Eigenart lesbar, nachvollziehbar und verständlich zu machen, besondere Bedeutung zu.

Im Gegensatz zur komponentiellen Semantik arbeitet die relationale Semantik allerdings nicht mit Code-Systemen, sondern mit Oppositionssystemen; also mit Systemen, die in der Lage sind, genau jene äußere Vielfalt und Differenzierung zu erzeugen, die zur Visualisierung einer bestimmten inneren Struktur erforderlich ist. Sie erzeugen äußerliche Unterschiede, um auf inhaltliche Unterschiede hinzuweisen.

Die semantischen Relationen

Gleichheit und Ungleichheit, die Schlüsselbegriffe bei der Herstellung von Oppositionssystemen, sind Relationen, sie kennzeichnen bestimmte Beziehungen zwischen zwei oder mehreren Phänomenen. Daher auch der Name »relationale Semantik«.

Interessant ist nun, daß sich diese Dualität bei genauerer Betrachtung in ein sehr differenziertes Spektrum auflöst: Wir können zwar die Relation der Gleichheit nicht weiter zerlegen, unterscheiden aber sehr stark und sehr genau zwischen verschiedenen Formen der Ungleichheit. Anscheinend ist es für uns sehr bedeutsam, ob ein Phänomen – im Vergleich zu einem anderen – lediglich anders ist, ob es einen starken Kontrast bildet, oder ob es gar das genaue Gegenteil verkörpert.

Opposition (a $\neq$ b)
Zwei Phänomene weichen in irgendeiner Beziehung voneinander ab, sei es durch einen Materialwechsel, eine geringfügige Lageverschiebung oder durch eine komplette Veränderung der Erscheinungsform.

Schwache und starke Opposition

Komplementarität (a = −b; b = −a)
Zwei Phänomene stehen in einer Beziehung zueinander, bei der das eine Phänomen die Negation des anderen ist: zum Beispiel Leben/Tod. Die Bezeichnung »komplementär« drückt dabei nicht nur aus, daß das eine Phänomen das exakte Gegenteil des anderen ist, sondern daß erstens das eine nicht ohne das andere existiert, und daß es zweitens keine weiteren vermittelnden Zustandsformen gibt (ein bißchen tot).

Das eine Phänomen ist die Negation d anderen, z. B. positiver/negativer Rau oder introvertiert/extrovertiert.

Antonymie (a ≥ b)
Auf den ersten Blick erscheinen Phänomene wie groß/klein, alt/jung etc. ebenfalls als komplementäre Gegensatzpaare. In der Linguistik läßt sich der Unterschied aber ganz eindeutig daran festmachen, ob es sich um graduierbare Adjektive handelt: groß und klein lassen sich steigern, lebendig und tot nicht. Antonyme markieren also keine absoluten Gegensätze, sondern Positionen auf einer linearen Skala, auf der nicht nur beliebig viele Zwischenstufen existieren, sondern deren Anfangs- und Endpunkte sich auch beliebig verschieben lassen. (Eine Villa ist groß, bezogen auf ein Einfamilienhaus, aber klein, bezogen auf ein Schloß.)

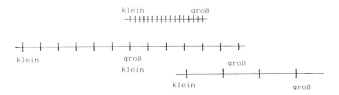

Neben dem Gesichtspunkt der Relativität ist die Möglichkeit der Differenzierung in immer feinere Skalen von besonderer Bedeutung, da sich nur dadurch die gesamte Bandbreite der in der Realität tatsächlich vorhandenen Bedeutungsunterschiede ausdrücken läßt.

Das Herstellen von Oppositionen

Bei der Suche nach den zur Oppositionserzeugung zur Verfügung stehenden architektonischen Mitteln stößt man wiederum auf die semantischen Variablen. (Hier vereinfacht am Beispiel der Oppositionsbeziehung dargestellt.)

Das Herstellen einer Lage-Opposition kann eine besondere Bedeutung visualisieren.

Das Herstellen einer Größen-Opposition kann eine besondere Bedeutung visualisieren.

Das Herstellen einer formalen Opposition kann eine besondere Bedeutung visualisieren.

Das Herstellen einer Material-Opposition kann eine besondere Bedeutung visualisieren.

Das Herstellen einer Gliederungs-Opposition kann eine besondere Bedeutung visualisieren.

Um so wichtiger ist es, noch einmal die Unterschiede zum Einsatz der semantischen Variablen in der komponentiellen Semantik herauszuarbeiten.

– Bei den hier durch die semantischen Variablen erzeugten Oppositionsbeziehungen geht es nur um Unterschiede zwischen Phänomenen *gleichen begrifflichen Inhalts*, also um Unterschiede zwischen mehreren Fenstern, zwischen mehreren Räumen, mehreren Wohnhäusern; die Unterschiede zwischen Fenster und Tür, zwischen Fassade und Dach, zwischen Wohnhaus und Kirche gehören in den Bereich der komponentiellen Semantik.

– Anders als bei der komponentiellen Semantik ist die Besonderheit oder besondere Bedeutung in diesem Fall keine Eigenschaft der Elemente selbst (daher auch die abstrakte Darstellung), sondern entsteht nur dann, wenn ein Element zu mehreren anderen auf eine ganz bestimmte Art und Weise in Beziehung gesetzt wird; sie entsteht in Relation zu den anderen Elementen.

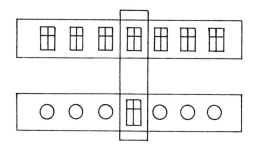

Das gleiche Fenster gewinnt unten durch Abweichung von den anderen eine besondere Bedeutung.

– Auch die so exponierten Elemente gewinnen in Wirklichkeit keine zusätzliche Bedeutung für sich selbst, sondern sie verweisen auf eine hinter oder unter ihnen verborgene inhaltliche Bedeutungsverschiebung: auf einen Funktionswechsel, einen Rangunterschied, eine Änderung des Nutzungscharakters etc.

Die Visualisierung inhaltlicher Referenz-, Rang- und Ausdrucksunterschiede

Lage-Oppositionen

Ob ein Gebäude, ein Raum, ein Fenster (oder auch ein Mensch) sich eingliedert oder »aus der Reihe tanzt«, ließ schon immer Rückschlüsse auf dessen Bedeutung zu. Umgekehrt ist daher das Erzeugen einer Lage-Opposition, einer besonderen Stellung in Relation zu den anderen, immer ein geeignetes Mittel, eine abweichende Funktion, einen besonderen Rang oder eine spezielle Charaktereigenschaft auszudrücken:

Ein Gebäude tritt aus der Straßenfront heraus (oder tritt zurück), um seine besondere Bedeutung zu signalisieren.

Ritterstraße, Berlin, IBA

n Treppenhaus wird vor die Fassade
aziert, um auf seine Sonderfunktion
fmerksam zu machen.

ala del Bovolo, Venedig

n Gebäudeteil wird gänzlich aus dem
auptvolumen herausgelöst und ge-
nnt durch seine Opposition eigenstän-
ge Bedeutung.

ichael Graves, Hanselmann House,
67/68

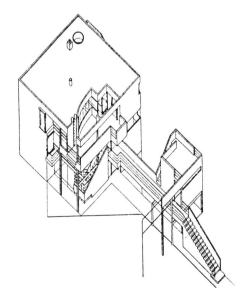

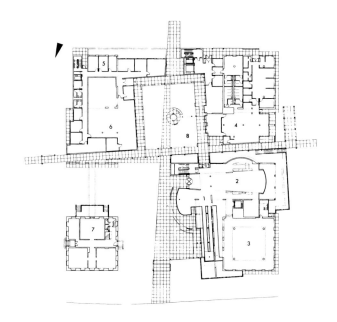

Aber auch das Mittel der Lage-Verdr[ehung] hung oder Verschiebung kann die gleic[he] Funktion übernehmen.

Richard Meier & Partner, Museum f[ür] Kunsthandwerk, Frankfurt a. M., 198[5]

Größen-Oppositionen

Größenunterschiede bei Fenstern beispielsweise können im Normalfall durchaus als ein Indiz für Größenunterschiede bei den dahinterliegenden Räumen gewertet werden. Eine bestimmte Abfolge größerer und kleinerer Fenster kann ein wichtiger Hinweis dafür sein, daß es sich um ein Wohnhaus handelt, während die

Der Verzicht auf Differenzierung komm[t] einer semantischen Verweigerung gleic[h].

Oswald Mattias Ungers, Tor zur Frie[d]richstadt, 1989

Verwendung von sehr großen und immer gleichbleibenden Fenstern eher auf eine großräumige, weniger differenzierte Nutzung hindeutet, etwa auf ein Verwaltungsgebäude oder eine Schule. Der Ehrgeiz, auch an einem Wohngebäude möglichst jede Größendifferenzierung der Befensterung zu eliminieren, kommt dann schon fast einer semantischen Verweigerung gleich.

Natürlich sind Größen-Oppositionen auch ein oft erprobtes Mittel, Rangunterschiede sichtbar zu machen, zum Beispiel wenn es darum geht, zwischen einem Haupt- und einem Nebeneingang zu differenzieren, eine zentrale Treppenanlage gegenüber dem Fluchttreppenhaus hervorzuheben oder das Foyer von den übrigen Erschließungsbereichen abzusetzen.

Mit diesem Wechsel der Größenordnungen ist aber in den meisten Fällen gleichzeitig ein Ausdruckswechsel verbunden, der die Erlebnisqualität eines Gebäudes erheblich steigern kann, zum Beispiel wenn man von einem engen, niedrigen Vorraum in einen großen, hohen Saal tritt (und umgekehrt), oder wenn der Architekt eine Abfolge von größeren und kleineren Räumen erzeugt.

Formale Oppositionen

Formale Oppositionen sind ein besonders gängiges Mittel, Inhaltswechsel sichtbar zu machen. Von daher liegt der Zusammenhang mit der Formel »form follows function« auf der Hand. Allerdings kann inzwischen die radikale Verkürzung und Einengung des Bedeutungsbegriffes auf die Funktion oder Referenz, wie sie in dieser Kurzformel zum Ausdruck kommt, nicht länger hingenommen werden, so daß eine Erweiterung in Richtung auf: »form follows meaning«, die alle vier Formen der Bedeutung umfaßt, überfällig ist.

Der Einsatz formaler Oppositionen zur Visualisierung unterschiedlicher Bedeutungen.

Günther Fischer/Ludwig Fromm, Wohnhäuser in Berlin-Wedding, 1987

Gliederungs-Oppositionen

Ein gutes Beispiel für semantische Verluste, die bei einem Verzicht auf Oppositionsbildung eintreten können (und ein gutes Beispiel für das Funktionsprinzip der Oppositionsbildung überhaupt) ist das von Adolf Loos so geschmähte und für absolut überflüssig erklärte Ornamentsystem der Stuckverkleidungen: Zum einen designierte es durch immer neue Variationen und Wechsel des Dekors den Wechsel der Nutzungseinheiten, ermöglichte also die Ablesbarkeit von Hausmaßstab und Parzellenstruktur innerhalb einer Straße oder eines Platzes; zum anderen vermittelte es Informationen über die Binnenstruktur des Gebäudes, indem es Rangunterschiede (Beletage – 4. Stock) durch Antonymiebeziehungen sichtbar machte. Das setzte sich dann noch einmal fort in der Oppositionsbeziehung zwischen Straßenfront und Hoffassade, woran sichtbar wurde, daß dem öffentlichen Raum zur damaligen Zeit ein höherer Rang eingeräumt wurde.

Bei der Verteufelung dieses Dekorationssystems übersah Loos also die wichtige Aufgabe solcher Systeme im Rahmen der relationalen Semantik, wo es nicht auf die Bedeutung der Phänomene selbst ankommt (die ist beim jeweils speziellen Stuckornament tatsächlich untergeordnet, da die Ornamente beliebig gegeneinander austauschbar sind), sondern auf deren Möglichkeit, Bedeutungsunterschiede und -wechsel sichtbar zu machen.

Stuck-Fassaden in Berlin-Kreuzberg

Material-Oppositionen

Trotzdem verzichtete auch Loos nicht auf den gezielten Einsatz von Oppositionsbeziehungen. Beim Haus Micheler in Wien zum Beispiel benutzte er die Materialopposition von Marmor und Putz, um den Wechsel zwischen Laden- und Wohnnutzung deutlich zu machen und gleichzeitig auch einen Rangunterschied zwischen beiden Nutzungen zu dokumentieren.

Unabhängig davon sind Materialoppositionen natürlich oft an einen Wechsel des konstruktiven Systems geknüpft und teilen diesen Wechsel dem Betrachter mit – es sei denn, der Architekt verhindert dies durch eine bewußte Kaschierung.

Materialien haben darüber hinaus immer auch einen ganz eigenständigen Ausdruck, den der Architekt einsetzen kann, um Nutzungswechsel – vorwiegend im Inneren des Gebäudes – zu signalisieren. Warm – kalt, weich – hart, glatt – rauh sind solche Gegensatzpaare, deren kontrolliertes Gegeneinander nicht nur den unterschiedlichen Charakter einzelner Räume hervorheben kann, sondern deren Fehlen unter anderem die lähmende Monotonie so vieler öffentlicher Gebäude hervorruft.

Ein signifikantes materielles Gegensatzpaar ist auch die Opposition massiv – transparent, die oft eingesetzt wird, um die komple-

Adolf Loos, Haus Michaeler, Wien 1909–11

Der Nutzungsunterschied wird durch d Materialopposition von Marmor un Putz angezeigt.

mentären Nutzungscharakteristika von »öffentlich« und »nichtöffentlich« sichtbar zu machen, um also zum Beispiel den Lesesaal einer Bibliothek vom Magazinbereich deutlich abzugrenzen und deren jeweilige Lage schon von außen ablesbar zu machen.

Die Herstellung von Oppositionsstrukturen

Die Kombination von Oppositionen

Die isolierte Darstellung von Möglichkeiten der Oppositionserzeugung hat natürlich wenig mit der tatsächlichen architektonischen Praxis zu tun, wo in den meisten Fällen mehrere oder alle Variable gleichzeitig eingesetzt werden, um Bedeutungsunterschiede zu visualisieren.

Der Effekt ist, daß ein schon innerhalb der einzelnen Oppositionsebenen herausgehobenes Element durch Überlagerung zusätzlich verstärkt und mit potentieller Bedeutung geradezu »vollgepumpt« werden kann, lediglich durch den ins Extrem gesteigerten Kontrast zu den anderen Elementen. (Und mit allen Folgen für die Erwartungshaltung des Betrachters, was die Bedeutung des dahinterliegenden Raums oder der Nutzung angeht.)

ummierung von Oppositionsebenen

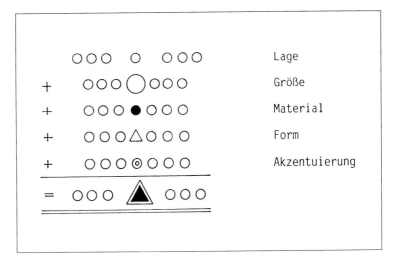

Bedeutungsstärke

Gleichzeitig wird deutlich, daß es vielfältige Möglichkeiten gibt, die potentielle Stärke des Bedeutungsunterschieds zu manipulieren. Zwei Holzarten haben unterschiedliche Maserung oder Tönung, können also zur Visualisierung eines Bedeutungsunterschiedes herangezogen werden. Aber die Stärke des Kontrastes ist wesentlich geringer als diejenige zwischen Holz und Stahl. Das gleiche gilt für Farbschattierungen im Gegensatz zu Komplementärfarben, für minimale Größenunterschiede im Gegensatz zu regelrechten Maßstabssprüngen, für leichte Lageverschiebungen im Gegensatz zur vollständigen Exponierung eines Elements. Wenn jetzt zu diesen Regulierungsmechanismen innerhalb der einzelnen Oppositionsebenen noch die Möglichkeit der Kombination mit den anderen Ebenen hinzutritt, die wiederum in ihrer Stärke beliebig variiert werden können, ergibt sich tatsächlich eine lückenlose Skala der Bedeutungsstärke, innerhalb derer jede gewünschte Feineinstellung oder Nuancierung möglich ist – von der (fast) vollständigen Gleichheit bis zum schroffen Gegensatz. Bei der Analyse bedeutender Bauwerke erweist sich immer wieder, mit welchem Fingerspitzengefühl diese Skala von den Architekten gehandhabt wurde.

Widerspruchsfreiheit
Wenn Oppositionen sich gegenseitig stützen und verstärken können, ist prinzipiell natürlich auch das Gegenteil möglich: daß bewußt erzeugte Kontraste sich gegenseitig schwächen oder in Widerspruch zueinander geraten, wie das bei einer Architektur ohne semantische Bezüge häufig der Fall ist. Bei vielen Großbauten der 60er und 70er Jahre wird das Treppenhaus einerseits durch exponierte Lage, turmartige Überhöhung und farbige Pop-Art-Akzente zum bedeutendsten Bauteil einer ansonsten belanglosen Fassade aufgewertet, andererseits aber das gleiche Element durch Größenminimierung der Verkehrsfläche und der Fenster (Schießscharten, Schlitze) sowie durch rohbelassene Materialien zu einem Un-Raum abgewertet, den freiwillig niemand mehr betritt, es sei denn, der Aufzug ist kaputt.

Solche Widersprüche belegen sowohl die Notwendigkeit wie auch die Schwierigkeiten, eine in sich schlüssige Oppositionsstruktur aufzubauen. Gleichzeitig wird deutlich, daß der Aufbau einer solchen Oppositionsstruktur nicht unabhängig von der Erarbeitung einer entsprechenden Inhaltsstruktur vonstatten gehen kann: Vor jeder Visualisierung muß man zunächst einmal wissen, was denn überhaupt sichtbar gemacht werden soll.

Die Herstellung von Inhaltsstrukturen

Ähnlich wie in der gesprochenen Sprache die gedankliche Durcharbeitung der konkreten Umsetzung in Wörter, Sätze und Satzfolgen vorausgeht oder zumindest ihr zugrunde liegt, muß in der Architektur die Einschätzung der Inhalte einer Bauaufgabe der Auswahl und

Zusammenstellung der hierfür geeigneten semantischen Mittel vorangehen. Nicht die Visualisierung an sich ist das Problem – also zum Beispiel das Sichtbarmachen des erwähnten Treppenhauses –, sondern die Frage, ob überhaupt und wenn ja, in welcher Form dies geschieht; und das ist abhängig von der inhaltlichen Bewertung, von dem Stellenwert, den der Architekt diesem Bauteil im Rahmen der gesamten Bauaufgabe zumißt:

a) Der Architekt kann zum Beispiel der Meinung sein, daß das Treppenhaus ein gänzlich untergeordnetes, dienendes Bauteil ist, das möglichst gar nicht in Erscheinung treten sollte, zumindest aber auf die Rückseite des Hauses verbannt werden muß, auch wenn dort Süden ist (wie dies bei den bürgerlichen Miethäusern des 19. Jahrhunderts der Fall war).

b) Er kann, aus dem gleichen Grund, versuchen, die Größe des Treppenhauses zu minimieren.

c) Er kann aber auch im Gegenteil der Meinung sein, daß das Treppenhaus der Lebensnerv des gesamten Gebäudes, sein kommunikatives Zentrum ist und dies durch besondere Form, Größe, Materialauswahl, Akzentuierung und exponierte, dominante Lage zum Ausdruck bringen.

d) Oder er kann das Treppenhaus als Funktionsglied einer komplexen Maschinerie begreifen (Centre Pompidou: das Gebäude wird mit Menschen ver- und entsorgt), und dies durch die Übernahme struktureller Merkmale der Röhre zum Ausdruck bringen.

Dies sind nur wenige Beispiele aus dem Spektrum möglicher Bewertungen und Interpretationen. Darüber hinaus steht das Treppenhaus hier nur stellvertretend für alle anderen Bauteile, die in gleicher Weise bewertet, auf Gleichheit, Ungleichheit, Ähnlichkeit, Kontrast oder Gegensatz hin abgeklopft und in eine schlüssige Gesamtaussage integriert werden müssen. Diese bildet sozusagen das inhaltliche Rückgrat des Gebäudes, seine Inhaltsstruktur, die dann in einem zweiten Schritt in eine ablesbare Ausdrucksstruktur transformiert werden muß – zumindest dann, wenn die Summe der inhaltlichen Entscheidungen für den außenstehenden Betrachter sichtbar werden soll.

Die Synchronisation von Inhaltsstruktur und Ausdrucksstruktur

Weil der Art der Verknüpfung von Inhalt und Ausdruck in der relationalen Semantik kein Code zugrunde liegt, sondern diese Verknüpfung vom Architekten immer wieder neu hergestellt werden muß, kann es bei der Transformation zu Problemen und schwerwiegenden Disparitäten kommen.

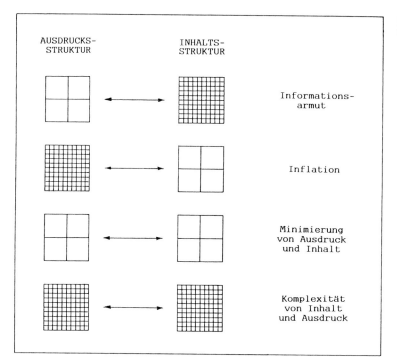

Die unterschiedlichen Möglichkeiten (
Verknüpfung von Inhalt und Ausdru

Informationsarmut

Jeder kennt die Schwierigkeit, in einer fremden Sprache, von der man lediglich einige hundert Wörter und ein paar grammatische Grundregeln beherrscht, ein wirkliches Gespräch zu führen. Die zu geringe *Kapazität* der Ausdrucksmittel schließt die Übermittlung von komplexen Inhalten aus. Ähnliches finden wir in der Architektur an den Umbruchstellen der Stilentwicklungen, wenn sich ein Architektursystem sozusagen »häutet« und das alte, verkrustete Ausdruckssystem abwirft: Die Kapazität der neuen Ausdrucksformen ist oft noch zu gering, um den neuen Inhalten schon adäquaten Ausdruck zu verleihen. Aber das sind Ausnahmesituationen, die sich durch die ständige Weiterarbeit der Architekten an der Entwicklung des neuen Stils im Laufe der Zeit normalisieren.

Problematisch wird es hingegen, wenn die Reduktion der Ausdrucksformen wie bei Adolf Loos zum architektonischen Programm erhoben wird und damit Informationsdefizite zementiert werden. Problematisch ist in diesem Zusammenhang auch die Formel von Mies van der Rohe »less is more«. Mies, der sein sprachliches Repertoire bewußt auf ein Minimum reduzierte und dabei achselzuckend einen Mangel an inhaltlicher Bedeutungsvermittlung in Kauf nahm, ignorierte damit gleichzeitig die absehbaren Folgen einer massenhaften und vergröberten Anwendung seiner architektonischen Prinzipien.

Inflation, Zeichenentwertung
Aber auch die entgegengesetzte Strategie kann erheblich zur Sprachverwirrung oder -zerstörung beitragen. Ist nämlich das verwendete semantische Oppositionssystem von viel größerer Kapazität als das auszudrückende Bedeutungssystem, entsteht Inflation, Zeichenentwertung. Dies zeigt sich zum Beispiel in vielen Bereichen der IBA 1987 in Berlin, wo einer ungeheuren Vielfalt neu erzeugter Fassadenoppositionen oft immer nur die eine, gleiche Bedeutung (sozialer Mietwohnungsbau) gegenübersteht, was nichts anderes heißt, als mit endlosen Varianten nichts (Neues) zu sagen.

Von einem Gebäude, das sich durch starken Einsatz formaler Mittel zu anderen Gebäuden in Opposition setzt, erwartet der Betrachter automatisch eine besondere Bedeutung. Wenn er aber weiß, daß dies realiter nicht der Fall ist, führt dies zum Bedeutungsverlust, zur semantischen Entleerung, zur Form-Entwertung.

Wir begegnen hier erneut der denkwürdigen Tatsache, daß das Vorhandensein und die Beherrschung entfalteter sprachlicher Mittel keineswegs automatisch zu einer bedeutsamen Äußerung führt – das gleiche Phänomen, das von der gesprochenen Sprache her bekannt ist, wo man ebenfalls mit sehr vielen Worten »nichts« sagen kann.

Minimierung von Inhalt und Ausdruck
Mit einer gewissen Verwunderung muß man deshalb zur Kenntnis nehmen, daß die Architekten der 60er und 70er Jahre, indem sie das Aufeinanderstapeln von immer gleichen Wohneinheiten auch abbildeten, sich semantisch korrekter verhielten als einige ihrer Kollegen aus den 80er Jahren, die ebenso stapeln, dies aber hinter einer Scheinfassade formaler Oppositionen verbergen. Tatsächlich war die so sehr kritisierte Bedeutungsarmut der funktionalistischen Architektur in der Hauptsache kein semantisches Problem: Das Problem war die Verarmung der Inhalte, nicht die Tatsache, daß diese Verarmung sichtbar gemacht wurde. Insofern konnte der Ansatzpunkt für eine Überwindung der Monotonie auch nicht in der Vertuschung oder Übertünchung der inneren Armut liegen – wie dies bei der Postmoderne zweifellos der Fall war –, sondern nur in einer inhaltlichen Neustrukturierung der Bauaufgaben.

Komplexität von Inhalt und Ausdruck
Ähnlich einem Gefäß, das mit beliebigen Inhalten gefüllt werden kann (oder auch leer bleiben kann), stellt die relationale Semantik dem Architekten ein universelles System der Oppositionserzeugung zur Verfügung, das unterschiedlichste Bedeutungen aufnehmen, darstellen oder sichtbar machen kann. Die Erzeugung einer komplexen Oppositionsstruktur hat aber letztlich nur dann einen Sinn, wenn sie tatsächlich auf einer entsprechenden Komplexität des inneren Gebäudeaufbaus basiert. Und sie wird automatisch irrelevant, wenn diese Koppelung entfällt. Damit kommt an dieser

Stelle erneut die vierte Form der Bedeutung, die Frage nach der *Relevanz* ins Spiel! Das gleiche Ausdrucks- oder Oppositionssystem kann in einem Fall sinnvoll, in einem anderen Fall unsinnig sein – je nach dem, ob das Kriterium der Relevanz, also die Abstützung auf eine entsprechende Inhaltsstruktur, erfüllt ist oder nicht. Wer daher eine informationsreiche, abwechslungsvolle und tatsächlich bedeutsame Architektur erzeugen will, wird nicht umhinkommen, sich zuvor Gedanken über eine entsprechend differenzierte inhaltliche Konzeption der Bauaufgabe zu machen.

Coda

Bedenkt man die Vielfalt der in den vorangegangenen Abschnitten zusammengetragenen Aspekte einer architektonischen Semantik – aber auch die zahlreichen Probleme und Klippen –, so erscheint der Entwurf auch nur eines einzigen, in sich stimmigen Gebäudes schon fast als eine unlösbare Aufgabe.

Aber in Zeiten eines normalen Architekturgeschehens wird der Architekt auch gar nicht vor eine solche Aufgabe gestellt. Er kann vielmehr auf eine Vielzahl ausgearbeiteter, funktionierender, mit eindeutiger Bedeutung versehener Lösungsmuster zurückgreifen, so daß seine Aufgabe sich im wesentlichen darauf beschränkt, Varianten dieser Lösungsmuster zu bilden, die der speziellen Bauaufgabe oder seinen persönlichen Ausdruckswünschen entsprechen.

Problematisch wird es tatsächlich erst, wenn sprachliche Grundstrukturen in einem Maß zerstört worden sind, wie dies durch die Revolution der 20er Jahre tatsächlich der Fall war. Dann bleibt dem Architekten nur die Möglichkeit, die gerade gängigen Klischees, Schemata und formalen Moden – so wenig sie auch mit semantisch sinnvollen Lösungen zu tun haben mögen – möglichst intelligent zu reproduzieren. Im Wettbewerbswesen ist dies oft sogar die einzige Möglichkeit, bei der Vergabe der vorderen Ränge mit im Spiel zu bleiben. Andererseits ist es illusorisch, sich gerade von den kurzatmigen »Zeitgeist«-Produktionen wirkliche Beiträge zum Fortschritt oder zur Wiederherstellung der Architektursprache zu erhoffen. Das bleibt vielmehr ein langwieriger, oft verdeckt ablaufender und mit vielen Widersprüchen behafteter Prozeß – zumal dessen Ergebnis oft weniger vom Architekten selbst abhängt als vom Einfluß der anderen, am Baugeschehen Beteiligten. Aber damit sind wir eigentlich schon mitten im Thema des letzten Kapitels, der Pragmatik.

VI. PRAGMATIK, oder: THEORIE UND PRAXIS

Das bekannte Sprichwort: »Reden ist Silber, Schweigen ist Gold« ist eine pragmatische Handlungsanweisung. Sie macht in zugespitzter Form deutlich, daß es Situationen gibt, in denen auch die vollendete Beherrschung von Sprache einen Sprecher nicht unbedingt vor kommunikativen Fehlleistungen bewahrt. Eine andere Redensart: »Sein Schweigen sprach Bände« wiederum belegt die Tatsache, daß man manchmal sogar ohne den Einsatz von Sprache mehr sagen kann als durch viele Worte.

Mit der Anwendung von Sprache tritt also eine Reihe neuer Einflußfaktoren in Erscheinung, die die tatsächliche Bedeutung einer Äußerung ebenso stark beeinflussen wie die Gesetzmäßigkeiten der syntaktischen und semantischen Regelsysteme. Darüber hinaus wirken diese Einflußfaktoren aber auch schon im Stadium der Erzeugung einer Äußerung entscheidend auf Inhalt und Form ein. Die Situation bringt die Äußerung mit hervor, liefert unter Umständen das Motiv, beeinflußt die Art und Weise der Wortwahl, reguliert den Einsatz der Ausdrucksmittel. Da jede konkrete Äußerung innerhalb eines solchen situativen Rahmens stattfindet, ist die Beschreibung sprachlicher Vorgänge erst dann abgeschlossen, wenn im Rahmen der Pragmatik diejenigen Faktoren, die die konkrete sprachliche Äußerung beeinflussen, in die Betrachtung einbezogen werden.

All dies gilt ohne Abstriche auch für die architektonische Äußerung. In der Architektur kommt allerdings noch erschwerend hinzu, daß es zwei Stadien der Fertigstellung gibt: den fertigen Entwurf und das fertige Gebäude. Und oft ist es desillusionierend, die Veränderungen zu beobachten, die so viele architektonische Äußerungen auf ihrem langen Weg bis zur endgültigen Realisierung durchlaufen. Die häufig zu beobachtende Diskrepanz zwischen inspiriertem Entwurf und banalem Resultat zeigt, daß bei der Umsetzung eines Entwurfs von der geistigen Ebene zur materiellen Realität pragmatische Einflußfaktoren eher noch an Macht gewinnen und in manchen Fällen den Architekten fast zu einem Statisten degradieren können.

Sich dagegen zur Wehr zu setzen, ist ebenfalls ein pragmatisches Problem, und bekanntlich fängt ein gut Teil der Arbeit des Architekten erst an, wenn der eigentliche Entwurf längst fertiggestellt ist – nämlich der Kampf darum, die eigenen Vorstellungen möglichst unbeschadet gegen die vielfältigen Einflüsse, Zwänge und Widersprüche des Bauprozesses in die Realität hinüberzuretten.

Pragmatische Universalien

In der Linguistik werden die Einflußfaktoren, die in jeder Sprechsituation anwesend sind, unter dem Stichwort »pragmatische Universalien« zusammengefaßt. Zu solchen Universalien gehören unter anderem »die jeweilige Person des Sprechers, die jeweils angesprochene Person (oder Personen), die Zeit der Äußerung, der Ort des Sprechers«.[31] Weiterhin die Sprecher-Intention, die Bedeutung der Sache, um die es geht, und die zur Verfügung stehenden Ausdrucksmittel.

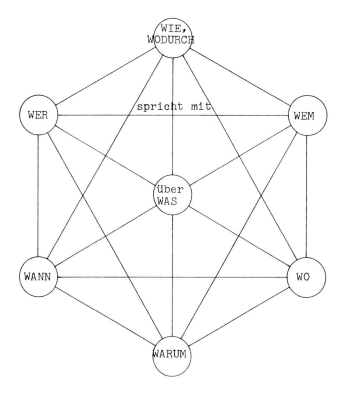

Die pragmatischen Universalien in der Linguistik.

Ihre Bedeutung erlangen die pragmatischen Universalien aus der Tatsache, daß jeder einzelne Faktor für sich genommen schon in der Lage ist, eine ganz normale Äußerung unsinnig erscheinen zu lassen, zu konterkarieren oder in ihr Gegenteil zu verkehren. Eine richtige Äußerung am falschen Platz, zur falschen Zeit, zum falschen Thema, von der falschen Person oder gegenüber der falschen Person, aus dem falschen Grund oder mit den falschen Worten kann sogar erhebliches Unheil anrichten.

[31] Pelz, H.: Linguistik ... S. 222/223.

Solche Ausnahmefälle machen deutlich, daß normalerweise vom Sprecher schon im Vorfeld eine ganz erhebliche Koordinationsarbeit geleistet wird. Jede Äußerung wird also schon »in statu nascendi« durch die Summe folgender Einflußfaktoren modifiziert und geformt:
– Person des Sprechers,
– Person des Hörers,
– Mittel,
– Intention,
– Sache,
– Ort,
– Zeit.
Welche Auswirkungen die gleichen Einflußfaktoren auf die architektonische Äußerung haben, soll im folgenden näher betrachtet werden.

Die pragmatischen Universalien in der Architektur

Person des Sprechers

Die einschneidendste Beschränkung der autonomen Ausdrucksmöglichkeiten des Architekten ist schon durch die Tatsache gegeben, daß er eigentlich gar nicht die Person des Sprechers verkörpert, sondern Sprachrohr für jemand anderes ist: den Bauherrn. Hinter jeder Äußerung des Architekten verbirgt sich also eine zweite Person oder Institution, die oft bis ins Detail Einfluß auf die Gebäudeplanung nimmt – und manches mißlungene Bauwerk spiegelt weniger die sprachliche Inkompetenz des Architekten wider als vielmehr die widersprüchlichen und letztlich unvereinbaren Intentionen des Bauherrn. Die Gratwanderung zwischen eigenständiger Äußerung und der Rolle des Erfüllungsgehilfen wird durch die Tatsache erschwert, daß keine Gleichrangigkeit zwischen den beteiligten Personen herrscht: In der Regel wählt der Bauherr den Architekten aus und nicht umgekehrt. So trifft er mit der Auswahl des Architekten oft schon eine Vorentscheidung über die Art und Weise der von ihm beabsichtigten Äußerung.

Wenn die Intentionen von Bauherr und Architekt in die gleiche Richtung zielen, kann allerdings das Vorhandensein eines persönlich ansprechbaren Auftraggebers eher zu herausragenden Ergebnissen führen, als die undurchschaubare Entscheidungsstruktur einer anonymen Institution, wo oft Kompromisse, Inkompetenz und Zufallsentscheidungen den Ausschlag geben. So sehr es zu begrüßen ist, daß die Leitung staatlicher und administrativer Aufgaben nicht mehr in der Hand von einzelnen Fürsten oder sonstigen Potentaten liegt, so deutlich zeigt andererseits die Mehrzahl der neueren öffentlichen Bauten die Unfähigkeit der Bürokratie, ein eigenständiges, über den kleinsten gemeinsamen Nenner hinausgehendes Verhältnis zu den von ihr betreuten Bauaufgaben zu gewinnen. Kehrseite dieses Entscheidungsvakuums ist die wahre Flut von Normen, Vorschriften, Verordnungen und Reglementierungen, die die eigene Stellungnahme des Bürokraten ersetzen sollen und die andererseits den Handlungsspielraum des Architekten in vielen Fällen soweit einschränken, daß ihm nurmehr die Rolle des Verpackungskünstlers verbleibt.

Die Zersplitterung von Kompetenz und Anonymisierung von Entscheidungsprozessen bleibt allerdings nicht auf die Bauherrenseite beschränkt. Auch größere Architekturbüros bieten mitunter ein ähnliches Bild, und so wundert es nicht, wenn aus den glatt und professionell realisierten Gebäuden oft jede persönliche Stellungnahme verschwunden ist.

Wenn nicht mehr klar ist – weder auf der Bauherren-, noch auf der Architektenseite –, wer eigentlich spricht, darf man sich über die Unklarheit der Äußerung nicht wundern.

Person des Hörers (Adressat)
Der Bauherr beeinflußt nicht nur die architektonische Äußerung in oft entscheidender Weise, er ist als Auftraggeber auch der offizielle Adressat dieser Äußerung. Und solange Bauherr und späterer Nutzer identisch sind (Einfamilienhaus, Konzernzentrale), wird der Bauherr aufgrund seiner Einflußmöglichkeiten in etwa das bekommen, was seinen Vorstellungen entspricht.

Weitaus problematischer sind dagegen die Fälle, in denen der Bauherr nur stellvertretend agiert; wenn hinter dem offiziellen Adressaten andere Personengruppen stehen, die viel direkter mit den Äußerungen des Architekten konfrontiert sind, obwohl sie über keinerlei Einflußmöglichkeiten oder Mitspracherecht verfügen: die *Nutzer* von Mietwohnungen, die Patienten in einem Krankenhaus, die Bewohner eines Altenheims usw. In den 70er Jahren hat sich für diese Adressatengruppe das Wort »Betroffene« herausgebildet, das sehr klar deren Ohnmacht widerspiegelt.

Aber auch der Architekt wird durch diese Aufspaltung der Interessen oft in eine Position latenter Schizophrenie gedrängt: die Bedürfnisse der Nutzer vor Augen, soll er gleichzeitig die ökonomischen und verwaltungstechnischen Interessen des Bauherrn vertreten. Da es in den seltensten Fällen möglich ist, beiden Seiten gerecht zu werden, andererseits aber die ökonomische Macht beim Bauherrn liegt, ist der Ausgang dieses Konflikts meist vorprogrammiert.

Wenn von Adressaten die Rede ist, die die Äußerung eines Architekten oft entscheidend beeinflussen, darf eine dritte Personengruppe nicht vergessen werden: das *Fachpublikum*, die Kollegen, die Architekturkritik. Viele Äußerungen von Architekten leiten sich weder aus den Interessen des Bauherrn noch aus denen der Nutzer ab (werden sogar teilweise gegen beide durchgesetzt), sondern aus der Reaktion auf bestimmte Trends oder spezifische Architekten-Codes, deren Beherrschung und Anwendung mit entsprechender Anerkennung innerhalb der Architekturszene honoriert wird.

Diese Orientierung an spezifischen Architekten-Codes kann so weit gehen, daß die Botschaft des realisierten Gebäudes für den Normalbürger weitgehend unverständlich bleibt, obwohl dieser als *Stadtbewohner* und *Passant* ein weiterer Adressat der architektonischen Äußerung ist. Da er sich in solchen Fällen zu Recht nicht angesprochen fühlt, sind Gleichgültigkeit oder Ablehnung die normale Reaktion.

Intentionen

Die bisher genannten Personengruppen: Architekt, Bauherr, Nutzer und Stadtbewohner verkörpern gleichzeitig das Spektrum unterschiedlicher und zum Teil diametral entgegengesetzter Interessen und Intentionen, in deren Schnittpunkt sich jedes geplante oder realisierte Gebäude befindet. Das fertige Gebäude wiederum verkörpert den jeweiligen Ausgang dieses Interessenkonflikts und designiert damit immer auch gesellschaftliche Zustände und Machtverhältnisse.

Wenn man bei den Stadtbewohnern beginnt, so steht außer Zweifel, daß zum Beispiel der Abriß und Neubau ganzer Stadtviertel fast immer gegen die Interessen und Intentionen der dort Wohnenden gerichtet ist und gegen ihren erbitterten Widerstand durchgesetzt werden muß. Wie weit eine solche Umwälzung dann überhaupt gelingt, hängt von der gerade vorherrschenden Machtkonstellation ab: der Stärke der Bürgerinitiativen, der Sattelfestigkeit der Regierung, dem Druck der Kapitalinteressen etc. Die Art des Neubaus, seine architektonische Qualität, wird dann oft gar nicht mehr diskutiert.

Aber auch die Intentionen der Nutzer sind bei genauerem Hinsehen nicht so klar und eindeutig, wie sie auf den ersten Blick erscheinen. Die lange Diskussion über Nutzerbedürfnisse und das Scheitern aller Versuche, Richtlinien und Normen für die Erfüllung dieser Bedürfnisse aufzustellen, zeigt dies ganz deutlich. Aus der Aussage: »Alle Menschen sind unterschiedlich«, die schon im Semantik-Kapitel zitiert wurde, folgt, daß die gleiche Wohnung, die für den einen ideal ist, schon für den nächsten zum Zwangskorsett werden kann. Solange also der Architekt – wie im Mietwohnungsbau – gar nicht weiß, für wen er eigentlich plant, bleibt ihm wenig anderes übrig, als seine eigenen Idealvorstellungen in die zukünftigen Nutzer hineinzuprojizieren – ein höchst zweifelhaftes Unterfangen. Solange andererseits der Nutzer nicht mitreden, mitbestimmen, also seine Intentionen in den Planungsprozeß einbringen kann, bleibt bedarfsgerechter Wohnungsbau Utopie. Schließlich sind es immer noch im wesentlichen Kapital- und Verwertungsinteressen, auch arbeitsmarktpolitische Erwägungen, die Wohnungsbauprogramme ankurbeln oder zurückdrehen und die auch Qualität und Standards weitgehend bestimmen. Diese Intentionen der Bauherrenseite müssen hier nur insoweit erwähnt werden, als sie dem Spielraum der Architekten in der Tat enge Grenzen setzen.

Andererseits sind auch die Intentionen der Architekten selten auf den selbstlosen Dienst am Nutzer beschränkt. Das Intentionsspektrum reicht hier vom Technokraten, der sich im wesentlichen auf einen reibungslosen Planungsablauf konzentriert, bis hin zum reinen Künstler-Architekten, der die fertiggestellten Gebäude am liebsten ohne Menschen und störendes Mobiliar photographieren läßt. Angesichts solch widersprüchlicher Interessenlagen aller Beteiligten wird das ganze Spannungsfeld sichtbar, in dem – wie durch ein Wunder – architektonische Ausdrucksqualität sich entfalten oder auch nur behaupten soll.

Mittel

Die semantischen Mittel, die der Architekt einsetzen kann, um seine architektonische Äußerung auf den Weg zu bringen, wurden bereits im vorangegangenen Kapitel besprochen. Im Rahmen der Pragmatik geht es eher um die Tatsache, daß auch die brillanteste Idee Papier bleibt, wenn ihre Ausführung die Summe der zur Verfügung stehenden Geldmittel überschreitet. Zum normalen Architektenalltag gehört daher die Unterordnung unter die pragmatische Maxime, mit begrenzten Mitteln das jeweilige Optimum zu erreichen. Allerdings bezog sich die Begrenzung der Mittel in früheren Zeiten nicht nur auf das finanzielle Budget: die vor Ort zur Verfügung stehenden Baumaterialien, der Stand der Technik, die vorhandenen Arbeitskräfte etc. waren Einschränkungen, durch die viele Entwurfsentscheidungen bereits im Vorfeld festgelegt wurden.

Erst heute, wo prinzipiell alles machbar ist und jedes Material durch moderne Transportmittel aus dem entferntesten Winkel herbeigeschafft werden kann, (fast) jedes konstruktive Problem durch entsprechenden Technologieeinsatz gelöst werden kann, reduzieren sich all diese Beschränkungen tatsächlich auf die Frage der finanziellen Mittel. Dafür ist es im Zuge der Rationalisierung des Bauwesens immer schwieriger geworden, überhaupt ein breites Spektrum von zur Verfügung stehenden Ausdrucksmitteln aufrecht zu erhalten, auch wenn diese Entwicklung, die ihren traurigen Höhepunkt mit der Großtafelbauweise der 70er Jahre erreichte, im Augenblick eher rückläufig ist.

Inwieweit das gleiche Phänomen bei der Rationalisierung der Planung durch das in der Entwicklung begriffene Computer Aided Design (CAD) auftreten wird, bleibt abzuwarten.

Bauaufgabe

»Der Zweck heiligt die Mittel« ist eine weitere pragmatische Handlungsanweisung – wenn auch eine höchst fragwürdige. Die abgemilderte Form jedoch, nämlich die Frage nach der Angemessenheit der Mittel, bezogen auf einen bestimmten Zweck, durchzieht als pragmatisches Entscheidungskriterium alle Lebensbereiche: Man äußert sich privat anders als vor einer öffentlichen Versammlung, man wählt für einen Brief an einen Freund andere Worte als für einen juristischen Vertrag, man zieht sich für einen Theaterbesuch um und geht nicht im Jogginganzug auf eine Trauerfeier.

Dabei beruht das, was als jeweils angemessene Entsprechung gilt, auf mehr oder minder eng definierten gesellschaftlichen Absprachen, deren stillschweigendes Vorhandensein überhaupt nur dort ins Bewußtsein rückt, wo sie verletzt werden.

In der neueren Architektur sind solche Verletzungen allerdings eher die Regel als die Ausnahme. Wenn eine Kirche die gleichen Merkmale aufweist wie ein Kino (vgl. Norberg-Schulz), wenn die Ausdrucksmittel des Industriebaus gleichzeitig beim Schulbau, Museumsbau und Kindertagesstättenbau auftauchen, wenn bei einem Rathausneubau die gleichen architektonischen Mittel Anwendung finden wie bei einem neuen Schwimmbad, bewirkt dies nicht nur eine nachhaltige Störung der Lesbarkeit von Architektur, sondern verrät gleichzeitig das Fehlen eines funktionierenden Baustils, zu dessen wesentlichen Aufgaben es gerade gehört, ein klares und abgestimmtes *Bedeutungssystem der Bauaufgaben* auszuarbeiten. Ein solches Bedeutungssystem, durch das jede Bauaufgabe, getrennt nach Referenz-, Rang- und Ausdrucksunterschieden, ihren mehr oder minder festen Platz in der Hierarchie erhält, bildet überhaupt erst die Grundlage für den Architekten, mit den ihm zur Verfügung stehenden Mitteln angemessen zu reagieren, sich also überhaupt pragmatisch verhalten zu können.

Noch problematischer als das Fehlen einer solchen Grundlage ist allerdings der Versuch, aufgrund der entstandenen Irritationen die Maxime selbst in Frage zu stellen. Denn wo die Koppelung zwischen Bauaufgabe und eingesetzten Mitteln entfällt, zieht Beliebigkeit ein. Und wo Beliebigkeit beginnt, hört jede gezielte Bedeutungsvermittlung auf.

Ort

Daß der konkrete Ort, also Lage, Form und Größe des Baugrundstücks entscheidenden Einfluß auf die Formulierung jeder architektonischen Aussage hat, bedarf keiner weiteren Erläuterung. Daß aber auch das nähere Umfeld, die städtebauliche Situation, die sogenannte »Identität des Ortes« konstituierend für die endgültige Äußerung ist, war – zumindest in den letzten Jahrzehnten – weniger selbstverständlich. Wenn man das Ausmaß der vonstatten gegangenen Ortszerstörung durch Neubauten betrachtet, kann man dies tatsächlich nur als ein weiteres Indiz für das Ausmaß der Sprachzerstörung in der Architektur interpretieren. Das mangelnde Verständnis für den Ort als kommunikationskonstituierenden Faktor brachte sozusagen als logische Konsequenz die Ortszerstörung mit sich, machte es erst möglich, ein Parkhaus neben dem Dom, eine autobahnähnliche Schnellstraße durch einen Villenvorort, ein Hochhaus inmitten einer Gartensiedlung zu bauen.

Diese Zersplitterung und Fragmentarisierung städtebaulicher Situationen und städtischer Erlebnisbereiche ist auch nicht mit jenen Ortszerstörungen zu vergleichen, die regelmäßig bei der Vergrößerung und Umstrukturierung der Städte (z. B. durch Haussmann in Paris etc.) auftraten, wo bei aller radikalen Umwälzung die Unterordnung des Einzelgebäudes und der Einzelmaßnahme unter einen größeren städtischen Zusammenhang beibehalten wurde.

Das Ergebnis ist, daß sich heute oft gar nicht mehr die normale – pragmatische – Aufgabe stellt, angemessen auf einen bestimmten Ort zu reagieren, sondern daß mancher Ort durch besondere Maßnahmen überhaupt erst wieder neu definiert werden muß, um damit die Voraussetzung für eine weitergehende architektonische Auseinandersetzung zu schaffen.

Zeit

Niemand kann sich seiner Zeit und den sie prägenden Einflüssen entziehen. Insofern stellt das Eingebundensein in die Zeit auch für die Architektur eine wichtige pragmatische Einflußgröße dar, die ganz entscheidend – und unabhängig von der sowieso vorhandenen stilistischen Komponente – auf die sprachlichen Äußerungsmöglichkeiten einwirkt.

Die Architektur der 50er Jahre zum Beispiel wurde entscheidend durch die materielle Mangelsituation der Nachkriegszeit geprägt und ist auch nur unter Berücksichtigung dieser Rahmenbedingungen vollständig zu verstehen: das teilweise Billige, Ärmliche, Reduzierte der Architektur hatte nichts mit architektonisch gewollter Aussage zu tun. Ähnliches gilt für die Blütezeit Preußens, das nie ein reiches Land war und die knappen Mittel zu einem Großteil für sein stehendes Heer verwendete, so daß viele architektonische Visionen Schinkels auf dem Papier blieben und auch viele realisierte Gebäude eher durch das Diktat des Rechenstiftes jene preußische Strenge erhielten als durch den Willen des Architekten (was ihnen nicht unbedingt geschadet hat).

Neben armen und reichen Zeiten sind progressive und reaktionäre Zeitströmungen zu unterscheiden und ihr Einfluß auf die Architekturproduktion zu berücksichtigen. Die zweite Hälfte des 19. Jahrhunderts war politisch – zumindest in Deutschland – eine Zeit der Restauration, und parallel dazu waren große Bereiche der Architekturproduktion rückwärts gerichtet bis hin zu Anleihen beim »finstersten« Mittelalter, obwohl ökonomisch gesehen die industrielle Revolution bereits begann, die Strukturen des Großbürgertums aufzulösen. Eine ähnliche Entwicklung deutet sich im Moment oder seit etwa 10 Jahren an, wo starke restaurative Tendenzen in Politik und Gesellschaft ihr Echo in einer historisierenden, rückwärtsgewandten Architektur finden, obwohl gleichermaßen rasante Entwicklungen auf den Gebieten der Atom-, Gentechnologie und

Mikroelektronik die architektonische Rückkehr ins 19. Jahrhundert ad absurdum führen.

Zeitgebundenheit heißt aber immer auch Gebundenheit an die jeweiligen technischen und konstruktiven Möglichkeiten. Vor 200 Jahren waren Hochhäuser noch architektonische Utopie, vor der Weiterentwicklung des konstruktiven Ingenieurbaus konnte es kein Neues Bauen geben, ohne den Einsatz von Computern war das Olympiadach in München statisch nicht zu realisieren.

Handeln

Einen besonderen Raum nimmt in der linguistischen Pragmatik die Tatsache ein, daß »Sprechen nicht nur ein Mitteilen ist, sondern stets auch ein Handeln, zum Beispiel ein Befehlen, Fragen, Bestreiten, Behaupten usw.«[32]. Umgangssprachliche Redewendungen wie »Nicht reden, sondern handeln« konstruieren hier also einen künstlichen Gegensatz: auch Worte verändern die Welt.

Um so stärker trifft dies auf Bereiche zu, die tatsächlich direkt und unmittelbar in die materielle Realität eingreifen. Indem die Architektur Realitäten schafft, ist sie selbst Handeln und beeinflußt gleichzeitig das Handeln anderer: wer Grundrisse entwirft, antizipiert menschliche Handlungsmuster und -möglichkeiten. Immer sind es auch Aussagen über Lebensverhältnisse, über gesellschaftliche Strukturen, die mit jedem neu gebauten Grundriß (einer Wohnung, eines Gebäudes, einer Stadt) unversehens in eine feste Form gerinnen, zu Stein oder zu Beton werden.

Bedauerlich oft nimmt die architektonische Äußerung dabei Befehlsform an: Das galt für die Mietskasernenstadt des 19. Jahrhunderts (Zille: »man kann einen Menschen mit einer Wohnung erschlagen wie mit einer Axt«) genauso wie es für die Satellitenstädte von heute gilt. Es gilt im besonderen für den Grundriß der funktionalistischen Wohnung, der die Nutzung bis hin zur Lage der Steckdosen für die Nachttischlampen determiniert.

Das ist zum einen ein Problem der Größenordnung: Die minimierten Flächen lassen oft nur eine einzige sinnvolle Möblierung oder Nutzung zu. Kommen nur 10% Fläche hinzu oder wird die zur Verfügung stehende Fläche anders aufgeteilt, sind sofort Alternativen möglich, und der Zwang verwandelt sich in ein Angebot, höchstens noch in eine Aufforderung.

Das ist aber zum anderen auch ein Problem der architektonischen Grundhaltung: Architektur kann Bewegungsspielräume einengen (bis zur Unerträglichkeit), sie kann aber auch gerade Bewegungsspielräume eröffnen.

Die barocke Achse enthält neben dem Element der zwingenden Wegeführung gleichzeitig das Element der weitläufigen Öffnung des Raumes; der architektonisch komponierte Weg zum Altar entfaltet zwar suggestive Kraft, schreibt aber kein Verhalten vor; die Brücke

[2] *a. a. O.*, S. 211.

über den Fluß schließlich enthält neben der Zwangsführung ein wichtiges transitorisches Element, indem sie die Ausdehnung des Bewegungsspielraumes auf das andere Ufer ermöglicht.

Architektur beeinflußt aber nicht nur Handlungen, sie ruft auch Handlungen hervor: Was die Nutzerseite angeht, so kann sie im positiven Fall aufgrund starker Identifikation das ständige Bemühen um Pflege und Substanzerhaltung bewirken, im negativen Fall Vandalismus, Aggressionen und Zerstörungswut provozieren. Was die Bauherrenseite angeht, so lassen sich für bestimmte Situationen fast schon stereotype Handlungsmuster erkennen: Nachdem Ludwig XIV. Versailles erbaut hatte, mußten die anderen absolutistischen Herrscher in ähnlicher Weise reagieren; als in der Toscana die erste Familie ihren Geschlechterturm errichtete, führte dies innerhalb kürzester Zeit zu der charakteristischen Skyline mittelalterlicher italienischer Städte; nachdem sich die erste Stadt mit einer festen Mauer vor äußeren Feinden geschützt hatte, mußten es ihr alle anderen Städte gleichtun. Und auch heute noch trägt der jeweils höchste Wolkenkratzer schon bei seiner Errichtung den Keim der Niederlage in sich, indem seine bloße Existenz früher oder später die Projektierung eines noch höheren Gebäudes provoziert. In der Linguistik kennt man solche gekoppelten Handlungen als »Sprechhandlungssequenzen«, zum Beispiel Frage – Antwort, Beschuldigung – Rechtfertigung etc.

Schließlich kann Architektur aber auch Handlungen verhindern: durch das Weglassen einer Tür, wo vielleicht durch eine Verbindung neue Nutzungsmöglichkeiten entstanden wären; durch das Abkapseln einer Funktionsküche vom Aufenthaltsbereich; durch das Weglassen städtischer Aufenthaltsbereiche (Schmuckplätze, Marktplätze, Grünplätze), deren Fehlen den Rückzug in die isolierte Wohnung geradezu erzwingt; durch Funktionstrennung, Entmischung, Ghettobildung, die zu Vermeidungsstrategien und Tabuzonen führt; durch Hervorrufen von Isolation, Entfremdung und Vereinzelung in anonymen Hochhausbereichen oder verödeten Fußgängerzonen etc.... Schließlich auch durch eine Straßenplanung nach polizeilichen Aspekten, wie sie J. Hobrecht im 19. Jahrhundert für Berlin mit dem Ziel verfolgte, Arbeiteraufstände durch leichte Abriegelungsmöglichkeiten im Keim zu ersticken; oder in den 60er Jahren durch eine autogerechte Straßenplanung, die bedenkenlos organisch gewachsene Quartiere zerschnitt.

Die Beispiele machen noch einmal deutlich, daß eine innersprachliche Betrachtung oder Beschreibung architektonischer Phänomene der Komplexität sprachlichen Handelns in der Architektur nicht gerecht wird. Was für die gesprochene Sprache gilt: »Das sprachliche Handeln geschieht stets in einer bestimmten Gesellschaft und kann nicht getrennt von ihr, rein linguistisch, beschrieben werden«[33], gilt ohne Abstriche auch für die Architektur.

[33] *a. a. O.*, S. 237.

CODA

Wiederum: wenn man die ganzen Einflüsse, Einschränkungen und Zwänge betrachtet, die auf die architektonische Äußerung einwirken, ist man versucht, den Sinn und Stellenwert von semantischen Problemen überhaupt in Frage zu stellen. Sind nicht die anderen Aspekte viel wichtiger und vor allem, viel entscheidender? Kann man überhaupt noch von eigenständigen Äußerungen sprechen, wenn so viele mit- und hineinreden? Spielen die mühsamen Versuche der Architekten, mittels Architektur Sinn und Bedeutung zu erzeugen, im gesamten Bauprozeß überhaupt noch eine Rolle?

Betrachtet man daraufhin jedoch die Bandbreite der konkreten Architekturproduktion, so sind die trotzdem vorhandenen Spielräume und auch die immensen Qualitätsunterschiede immer wieder frappierend. Und wenn man Glück hat, sind darunter immer auch Lösungen, auf die niemand ohne die Auseinandersetzung mit allen Aspekten des Problems gekommen wäre und die im nachhinein ganz neue Möglichkeiten eröffnen. Die Tatsache, daß jede architektonische Lösung nicht im luftleeren Raum, sondern als A*ntwort auf ein gestelltes Problem* entsteht, unterstreicht also gerade die Bedeutung des sprachlichen Aspekts, anstatt sie zu schmälern.

Daß es davon unabhängig immer mehrere Antworten gibt und daß diese von höchst unterschiedlicher Qualität sein können – daß es also zu jedem nichtssagenden oder konfusen Ergebnis immer auch eine Alternative gegeben hätte, unterstreicht darüber hinaus die Notwendigkeit einer solchen sprachlichen Auseinandersetzung.

LITERATURVERZEICHNIS

In das Literaturverzeichnis wurde nur diejenige Literatur aufgenommen, die während des Zeitraums der Bearbeitung wesentlichen Einfluß auf die gedankliche Entwicklung und die endgültige Ausarbeitung des Themas hatte. Wegen des interdisziplinären Ansatzes wurde versucht, eine grobe Einteilung nach Sachgebieten vorzunehmen, auch wenn diese sich stellenweise überlappen und darüber hinaus manche Titel sowohl unter der einen, wie auch unter einer anderen Kategorie aufgeführt werden können.

I. Linguistik
1. Bierwisch, M.: Strukturalismus. Geschichte, Probleme und Methoden, in: Kursbuch 5, 1966.
2. Blumenthal, P.: Semantische Dichte, Niemeyer Verlag, Tübingen 1983.
3. Chomsky, N.: Aspekte der Syntax-Theorie. Frankfurt/M., Suhrkamp 1972.
4. De Saussure, F.: Cour de linguistique générale, dt. Übersetzung von H. Lommel: Grundfragen der allgemeinen Sprachwissenschaft, Berlin 1967 (2. Aufl.).
5. Glinz, H.: Linguistische Grundbegriffe, Athenäum 1971.
6. Heringer, Strecker, Wimmer: Syntax. Fink-Verlag, München 1980.
7. Jakobson, R.: Aufsätze zur Linguistik und Poetik. Frankfurt/M., Berlin, Wien, Ullstein 1979.
8. Palmer, F.: Grammatik und Grammatiktheorie. Eine Einführung in die moderne Linguistik, München, Beck 1974.
9. Pelz, H.: Linguistik für Anfänger. Hoffmann und Campe, Hamburg 1975.
10. Schwarze, Chr.: Einführung in die Sprachwissenschaft, Skriptor 1980.

II. Soziolinguistik
11. Bernstein, B.: Soziale Struktur, Sozialisation und Sprachverhalten, Aufsätze 1958–1970 (übersetzt aus dem Englischen), Amsterdam 1970.

III. Soziologie
12. Elias, N.: Über den Prozeß der Zivilisation, Bd. 2, Suhrkamp, Frankfurt/M. 1976.
13. Habermas, J./Luhmann, N.: Theorie der Gesellschaft oder Sozialtechnologie – Was leistet die Systemforschung? Frankfurt/M. 1971.

IV. Strukturalismus
14. Levi-Strauß, Cl.: Strukturale Anthropologie, Frankfurt/M., Suhrkamp 1971.

15. Schiwy, G.: Neue Aspekte des Strukturalismus. Kösel-Verlag, München 1971.

V. Sprachphilosophie
16. Wittgenstein, L.: Philosophische Untersuchungen. Suhrkamp, Frankfurt/M. 1967.

VI. Literaturwissenschaft
17. Kayser, W.: Das sprachliche Kunstwerk. Eine Einführung in die Literaturwissenschaft (14. Aufl.). Bern und München, Francke 1969.
18. Lämmert, E.: Bauformen des Erzählens. Metzler, Stuttgart 1968.
19. Lausberg, H.: Elemente der literarischen Rhetorik, Hueber-Verlag, München 1967 (3. Aufl.).

VII. Semiotik
20. Barthes, R.: Elemente der Semiologie. Syndikat, Frankfurt/M. 1979.
21. Bense, M.: Zeichen und Design. Semiotische Ästhetik. Baden-Baden, Agis-Verlag 1971.
22. Eco, U.: Einführung in die Semiotik. Fink-Verlag, München 1972.
23. Eco, U.: Zeichen. Einführung in einen Begriff und seine Geschichte. Suhrkamp, Frankfurt/M. 1977.
24. Krampen, M./Oehler, K. (Hrsg.): Die Welt als Zeichen. Klassiker der modernen Semiotik; Severin und Siedler, Berlin 1981.
25. Morris, Ch.: Grundlagen der Zeichentheorie, München 1972.
26. Ogden, Ch. K./Richards, I. A.: Die Bedeutung der Bedeutung. Suhrkamp Verlag, Frankfurt/M. 1974.
27. Peirce, Ch. S.: Phänomen und Logik der Zeichen. Suhrkamp, Frankfurt/M. 1983.
28. Schaff, A.: Einführung in die Semantik, Frankfurt/Wien 1969.

VIII. Informationsästhetik
29. Bense, M.: Ästhetische Information. Ästhetica 2. Baden-Baden, Agis-Verlag 1956.
30. Frank, H.: Informationsästhetik. Grundlagen und erste Anwendungen auf die mime pure. Quickborn, Schnelle-Verlag, 1968 (2. Aufl.).
31. Gunzenshäuser, R.: Ästhetisches Maß und ästhetische Information. Schnelle-Verlag, Quickborn 1962.
32. Kiemle, M.: Ästhetische Probleme der Architektur unter dem Aspekt der Informationästhetik. Quickborn 1967.
33. Meyer-Eppler, W.: Grundlagen und Anwendungen der Informationstheorie. Berlin–Heidelberg–New York, 1969 (2. Aufl.).

IX. Kunstgeschichte
34. Arnheim, R.: Kunst und Entropie. Köln, DuMont 1979.

35. Gombrich, E. H.: Ornament und Kunst. Stuttgart, Klett-Cotta 1982.
36. Junker, H. D.: Die Reduktion der ästhetischen Struktur – Ein Aspekt der Kunst der Gegenwart, in: Visuelle Kommunikation. Beiträge zur Kritik der Bewußtseinsindustrie, Hrsg. K. Ehmer. DuMont, Köln 1975 (6. Aufl.).
37. Sedlmayr, H.: Kunst und Wahrheit. Hamburg, Rowohlt 1958.
38. Sedlmayr, H.: Verlust der Mitte. Salzburg, O. Müller-Verlag (9. Aufl.), 1976.

X. Kunstpsychologie
39. Arnheim, R.: Kunst und Sehen. Eine Psychologie des schöpferischen Auges. De Gryter, Berlin–New York 1978.
40. Sander, F.: Gestaltpsychologie und Kunsttheorie, in: Neue Psychologische Studien, 4. Bd.: Gestalt und Sinn. Hrsg. F. Krueger, F. Sander, München 1932.

XI. Psychologie
41. Bühler, K.: Das Gestaltprinzip im Leben des Menschen und der Tiere. Stuttgart 1960.
42. Ehrenstein, W.: Probleme der ganzheitspsychologischen Wahrnehmungslehre. Barth-Verlag, Leipzig 1947.
43. Gibson, J. J.: Die Sinne und der Prozeß der Wahrnehmung. Bern/Stuttgart/Wien 1973.
44. Köhler, W.: Die Aufgabe der Gestaltpsychologie. De Gruyter, Berlin–New York 1971.
45. Lorenzer, A.: Architektonische Symbole und subjektive Struktur, in: Das Prinzip Reihung in der Architektur. Dortmund 1977.
46. Piaget, J./Inhelder, B.: Die Entwicklung des räumlichen Denkens beim Kinde. Klett-Verlag, Stuttgart 1975.
47. Wertheimer, M.: Drei Abhandlungen über Gestalttheorie. Erlangen 1925.

XII. Mathematische Strukturtheorie
48. Frauenholz, M. (Hrsg.): Mathematik I, Funk-Kolleg. Fischer-Verlag, Frankfurt/M. 1971.
49. Gerster, H.-D.: Aussagenlogik, Mengen, Relationen. Herder, Freiburg i. Br. 1972.
50. Kleine Enzyklopädie, Mathematik. VEB Verlag Enzyklopädie, Leipzig 1979 (10. Aufl.).
51. Reinhardt, F./Soeder, H.: dtv-Atlas zur Mathematik, München 1974.

XIII. Kommunikationstheorie
52. Cherry, Chr.: Kommunikationsforschung – eine neue Wissenschaft. Hamburg 1963.
53. Maser, S.: Grundlagen der allgemeinen Kommunikationstheorie. Kohlhammer, Stuttgart 1971.

54. Wiener, N.: Kybernetik. Düsseldorf/Wien 1963.

XIV. Architekturtheorie

55. Arnheim, R.: Die Dynamik der architektonischen Form. Köln, DuMont 1980.
56. Alexander, Chr.: A Pattern Language. Towns, buildings, construction. New York, Oxford University Press 1977.
57. Fischer, Fromm, Kähler, Gruber, Weiß: Abschied von der Postmoderne, Vieweg, Braunschweig 1987.
58. Herzberger, H.: Strukturalismus-Ideologie. Auszüge aus der holländischen Zeitschrift FORUM 3/1973, in: Bauen + Wohnen, Heft 1, München 1976.
59. Jencks, Ch.: Die Sprache der Postmodernen Architektur. Stuttgart 1978.
60. Kähler, G.: Architektur als Symbolverfall. Das Dampfermotiv in der Baukunst. Vieweg, Braunschweig 1981.
61. Magnago-Lampugnani, V.: Ästhetische Grundlagen der architektonischen Sprache. Dissertation, TH-Stuttgart 1976.
62. Norberg-Schulz, Chr.: Logik der Baukunst. Vieweg, Braunschweig 1980.
63. Venturi, R.: Komplexität und Widerspruch in der Architektur. Hrsg.: H. Klotz, Vieweg, Braunschweig 1978.
64. Venturi, R./Scott-Brown, D./Izenour, S.: Lernen von Las Vegas – Zur Ikonographie und Architektursymbolik der Geschäftsstadt. Vieweg-Verlag, Braunschweig 1979.

Fotografenverzeichnis

Soweit feststellbar, stammen die Abbildungen von folgenden Personen:

Günter Fischer: Fotos S. 23, 122
                   Zeichnungen S. 12, 13, 14, 16, 20, 21, 23, 24, 25, 26, 27, 31, 33, 34, 35, 40, 41, 47, 52, 53, 54, 56, 58, 59, 60, 61, 62, 63, 64, 65, 66, 67, 70, 72, 73, 74, 77, 78, 79, 80, 81, 82, 83, 84, 85, 87, 88, 91, 92, 93, 94, 95, 96, 97, 98, 100, 116, 117, 124, 126, 131

Jürgen Joedicke: Fotos S. 28, 31, 45, 55, 73, 74, 75, 90, 100, 101, 111

Adolf Loos: Foto S. 28

Peter Eisenman: Foto S. 87